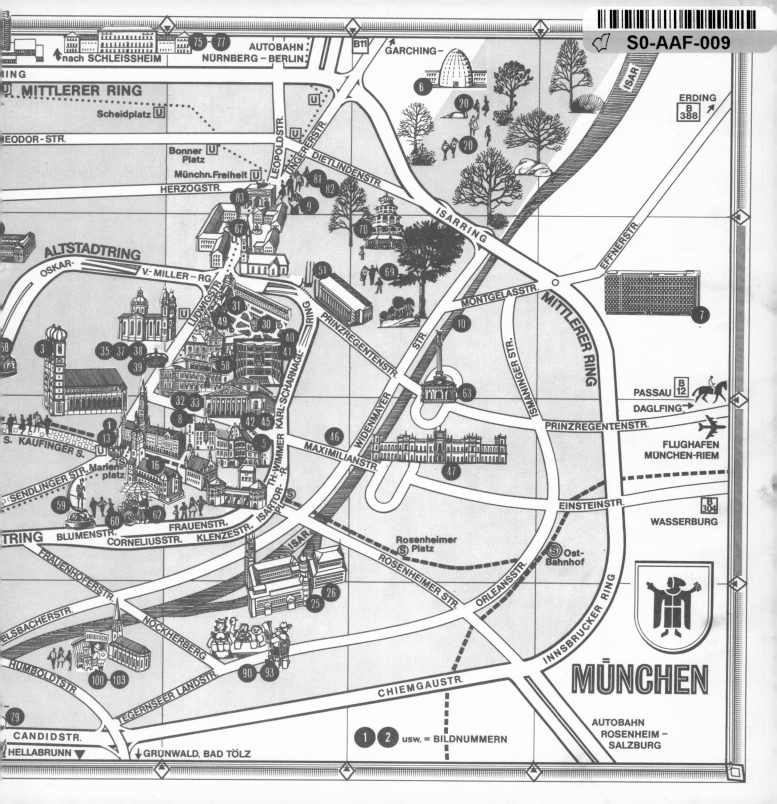

GERHARD RAUCHWETTER

Munich Impressions **Erlebnis München**

WILHELM ANDERMANN VERLAG MÜNCHEN

Übersetzung englisch: David Hammer
Übersetzung französisch: Madeleine Schoeller

© 1972 by Wilhelm Andermann Verlag OHG, München
Alle Rechte an Text und Bild behalten sich Urheber und Verlag vor
ISBN 3 7603 0050 2
Schutzumschlag: Günter Müller
Übersichtskarte: Peter Gericke
Layout: Roger Seitz
Gesamtherstellung: Welsermühl, Wels
Printed in Austria

Diese Stadt hat viele Namen, schmeichelnde und kritische, schmückende und satirische, jeder eine Verknüpfung eigener Art, ein Stück Geschichte von ihren Mauern und den Menschen, die darin lebten und leben.

Das Dorf *Munichen*, das vor mehr als achthundert Jahren in den Aufzeichnungen des Klosters Tegernsee erwähnt wurde, leitete seinen Namen von den Mönchen ab, die sich dort angesiedelt hatten. Die Jahrhunderte haben die Mönchsgestalt im Stadtwappen als das »Münchner Kindl« überliefert. Bei entsprechenden Anlässen steckt man sogar hübsche Mädchen in die schwarz-gelbe Kutte, was gar nicht mehr mönchisch, aber sehr menschlich ist. Denn auch im Mönchs-Dorf Munichen muß es hübsche Mädchen und Kindl gegeben haben, sonst hätte daraus niemals etwas werden können. Insofern hat das Kutten-Kindl des Stadtwappens bei näherem Hinsehen seine natürliche Logik und lebensnahe Symbolik durch die Jahrhunderte hindurch bis auf den heutigen Tag behalten.

Daß aus Munichen im Jahre 1158 ein Markt- und Handelsplatz und schnell eine bedeutende Stadt wurde, verdankt es eigentlich nach heutiger bayerischer Lesart, die alle Norddeutschen gern einheitlich zu Preußen stempelt, einer »preußischen« Untat. Der Braunschweiger Welfenherzog Heinrich, den man wegen seiner Kriegstaten bald den »Löwen« nannte, hatte ebensoviel Tatendurst wie Geldmangel. Als mächtiger Vasall des Kaisers hatte er auch bayerisches Land erhalten, doch an der alten Handelsstraße von Salzburg nach Augsburg kassierte der Bischof von Freising den Zoll der Föhringer Isarbrücke. Also ließ der Welfenherzog den Handelsplatz Föhring überfallen und die Holzbrücke abbrennen, um eine Wegstunde flußaufwärts bei Munichen einen Ersatz dafür zu bauen. Eine Insel in der reißenden Isar – etwa dort, wo jetzt das Deutsche Museum steht – erleichterte diesen Plan. Die Handelszüge, die hauptsächlich Salz transportierten und darum keine Furten passieren konnten, muß-ten fortan die neue Brücke benutzen und ihren Zoll in die Kasse des Welfen zahlen. Bischof Otto protestierte vergeblich. Kaiser Barbarossa ließ am 14. Juni 1158 auf dem Augsburger Reichstag die Urkunde ausstellen, die das vom Welfenherzog ausgebaute und befestigte München zum Markt- und Handelsplatz mit Münz- und Zollrechten erhob und seinen Aufstieg besiegelte. Seither feiern die Münchner den 14. Juni als Stadtgründungstag; 1958 war die Achthundert-Jahr-Feier ein großes Fest.

Während die Stadt aufblühte, endete ihr Gründer im Jahr 1195 in Ungnade und Machtlosigkeit. Ein treuerer Gefolgsmann des Kaisers Friedrich Barbarossa, Otto von Wittelsbach, hatte schon vorher im Jahr 1180 das Herzogtum Bayern zum Lehen erhalten. Seine Familie bezog 1255 eine herzogliche Residenz in München und bestimmte seither bis in unser Jahrhundert die Geschicke des Landes und der Stadt.

Nur wenige Baudenkmäler aus dem Mittelalter haben die Jahrhunderte überdauert. Der Alte Hof war der Mittelpunkt der ersten Residenz, jetzt sitzen Finanzbeamte hinter seinen Mauern. Die älteste Pfarrkirche, der 1181 erbaute »Alte Peter«, wurde mehrfach zerstört und immer wieder im Stil der neuen Epoche aufgebaut; Romanik, Gotik, Renaissance und Barock lösten einander ab. Die gotisch emporwachsende Frauenkirche, deren Grundstein 1468 gelegt wurde und deren Türme lange unvollendet blieben, erhielt schließlich »welsche« Hauben nach Art der italienischen Kuppeln. Ganz von der Renaissance geprägt, entstand von 1583 bis 1588 das riesige Tonnengewölbe der Michaelskirche. Nach dem Dreißigjährigen Krieg, der auch den Münchnern Not und Pestilenz brachte und ihre Zahl von vierundzwanzigtausend auf neuntausend schrumpfen ließ, erblühte auch hier das Barock italienischer Baumeister und ihrer einheimischen Schüler. Die Theatinerkirche (1663–1690) ist das bedeutendste Baudenkmal dieser Epoche. Das verspielte Rokoko folgte und hat mit dem Wirken so begnadeter Talente wie Cuvilliés, Effner und der Brüder Asam eine Reihe von Bauwerken hinterlassen, die heute mehr denn je Bewunderung finden. So konnte die Innenausstattung des Alten Residenztheaters von Cuvilliés im Zweiten Weltkrieg weitgehend gerettet und danach an anderer Stelle in der Residenz zum heutigen Cuvilliés-Theater wieder eingebaut werden.

Immer größer und raumgreifender wurden die Veränderungen im Stadtbild, die der Zeitgeist neu prägte. Die Stadt des Barock und Rokoko erhielt im 19. Jahrhundert neue Bauten im Stil der Antike und bald den dazu passenden Namen: *Isar-Athen*.

Zunächst und ganz augenfällig prägten die Bauten, mit denen König Ludwig I. in den dreißiger und vierziger Jahren des vorigen Jahrhunderts der Stadt neue Akzente setzte, dieses Namensbild. Die dynastische Verbindung zwischen München und Athen mit dem Wittelsbacher-Prinzen Otto als erstem König der Hellenen nach der Befreiung von der Türkenherrschaft geriet nur zu einer kurzen historischen Episode. Doch das Bild der Stadt wurde durch die damalige Begeisterung für die Klassik der Antike nachhaltig verändert. Die Schönheitsideale und die Architektur der Antike, ihre Humanität und monumentale Schlichtheit konnten als Ausbruch aus der Enge und Engstirnigkeit mittelalterlichen Denkens und Bauens, aber auch aus der verschlungenen Phantastik des Barock die Menschen faszinieren. Die großzügigen Bauten des Königs Ludwig I. – der Königsplatz mit Glyptothek, Staatsgalerie und Propyläen, die Ludwigstraße, die Alte und Neue Pinakothek sowie die Erweiterung der Residenz – fanden nicht nur Zustimmung, sondern auch lautstarke Kritik. Man tadelte des Königs Prunksucht und Bauwut und schließlich wegen der Affäre mit der Tänzerin Lola Montez ihn selbst so sehr, daß er im Revolutionsjahr 1848 verbittert abdankte und den Thron seinem Sohn Maximilian II. überließ. Aber dieses aus der mittelalterlichen Enge herausgewachsene Isar-Athen war durch die Kunstliebe des Königs Ludwig zu einem Zentrum der Künste von europäischem Rang geworden, und

bald umschrieb dieser Name vor allem im geistigen Bereich die fortdauernde Anziehungskraft dieser Stadt auf Künstler und Wissenschaftler aus aller Welt.

Hingegen zielt die *Weißwurst-Metropole*, als die man München gern apostrophiert, in einen ganz anderen Winkel bayerischer Lebensart: in den seit jeher überlieferten Hang und Brauch zu gutem Essen und Trinken in aller Öffentlichkeit, zur gastronomischen Gemütlichkeit auf allen Ebenen, für arm und reich. Noch hat kein Statistiker für verschiedene Metropolen die Zahlen der Einwohner und der Wirtshausstühle einander gegenübergestellt, doch kann man leicht den Eindruck gewinnen, daß München in der Zahl der Wirtshausstühle an der Spitze stehen müßte. Dabei hat das Münchner Bier seit jeher einen besonderen Ruf und heute eine wirtschaftlich weit größere Bedeutung als die Weißwurst, die ohne ihren speziellen süßen Senf schon manchen Fremden enttäuschen mußte. Aber Bier gibt es auch anderenorts, darum ist die typisch münchnerische und woanders schwer erhältliche Weißwurst der einschlägige Namengeber und außerdem der Inbegriff eines alltäglichen, bescheidenen, aber doch besonderen Lebensgenusses geworden. Denn die Weißwurst, die am späten Vormittag das Zwölf-Uhr-Läuten nicht mehr erleben soll, ist keine Mahlzeit, kein Lunch-Ersatz oder gar frühes Mittagessen, sondern ganz einfach nur, zusammen mit einer Brez'n und einem Bier, ein zusätzliches »Schmankerl«. Eigentlich war sie vor etwas mehr als hundert Jahren von einem Metzgergesellen ganz aus Versehen »erfunden« worden. Ihr hundertster Geburtstag wurde fröhlich gefeiert, ihre Bekömmlichkeit – vor allem auch nach feucht-fröhlichen Faschingsnächten – läßt noch auf lang anhaltende Beliebtheit bei den Münchnern schließen.

Als schnell vergänglich erwies sich der hochtrabende Titel der *Hauptstadt der Bewegung*, den die braunen Machthaber der Stadt ihrer Parteigründung gegeben hatten. Doch die Münchner machten daraus bald die »Hauptstadt der Gegenbewegung« und meinten es »natürlich ganz unpolitisch«, stolz auf die Traditionen einer sinnesfrohen, barocken Erotik im Bayerland pochend. Wer wollte da widersprechen!

Wenn diese schwer angeschlagene Stadt in den Jahren nach dem Zweiten Weltkrieg so etwas wie eine Brust und darin zwei gegensätzliche Seelen hätte haben können, so faßte eine widersprüchliche Charakterisierung dies treffend zusammen: *das Millionendorf!* Dieser Name traf ins Schwarze – für eine Weile! Denn er drückte aus, was die Menschen in dieser Stadt sich einerseits wünschten und doch andrerseits nicht verhindern konnten. Sie wünschten sich das Dorf, den gewachsenen Kern, die Überschaubarkeit, jedermann als Herrn Nachbarn, sich selbst mittendrin und bei allem dabei, auch wenn es nur ein Einkauf auf dem Viktualienmarkt, dem zum Tabu erklärten Mittelpunkt dieses Dorfes, war.

Und sie konnten nicht verhindern, daß München (1957) über die Millionengrenze sprang und weiter expansiv zunahm, an Menschen, Wohnvierteln, Dienstleistungen, vor allem aber an Verkehr. So wurde der Stachus zum »verkehrsreichsten Platz Europas« erklärt, Autolawinen stauten sich an vielen Engpässen der Innenstadt, brachen sich Bahn durch neue Straßenzüge, die wiederum das gewohnte Bild der Stadt im echten Wortsinn entscheidend veränderten. Die Vermassung wucherte allenthalben. Das Nicht-mehr-Überschaubare breitete sich aus. Technisierte Allerweltslösungen für Wohnen, Versorgung und Transport boten sich an. Die Reduktion des Individuums auf seinen funktionellen und privaten Bereich im Pendel zwischen Arbeitsplatz und Norm-Wohnung schien unabwendbar. Dieser Abbau spezieller Lebensgefühle im Austausch gegen eine nivellierende Normierung schien vielen Menschen, die diese Stadt lieben, eine drohende, kaum mehr abwendbare Gefahr für sich selbst und für die ganze Stadt. Ein Dorf für Millionen ist ein schönes Wort, aber in der gesellschaftlichen Wirklichkeit ein irreales Wunschbild. »München ist nicht mehr so gemütlich wie früher«, heißt die überall hörbare Klage über diesen Veränderungsprozeß, der aus dem vermeintlichen Dorf eine Großstadt gemacht hat. Ein neuer Slogan, »Weltstadt mit Herz«, löste in den sechziger Jahren das »Millionendorf« ab und versuchte, dem menschlichen Hang zur Individualität durch seinen Hinweis auf das Gemüt und Gefühl, eben das Herz, zu entsprechen. Herz statt Dorf!

Aber noch mehr setzte sich die Weltstadt mit ihren Verkehrsschlagadern durch, die heute vielen Münchnern als ein Graus erscheinen. Diese Weltstadt-Dynamik hat ihre eigenen Gesetze und ließ sich nicht bremsen, zumal München sich weit über die deutschen Grenzen hinaus wachsender Beliebtheit erfreuen konnte.

München wurde *die* deutsche Stadt und eine Riesen-Baustelle obendrein, als es 1966 plötzlich zur *Olympia-Stadt* für 1972 erkoren wurde. Die Mitbewerber auf der römischen Sitzung des IOC waren Montreal, Detroit und Madrid. Nach Tokio 1964 und Mexiko 1968 zielte der Sprung von Kontinent zu Kontinent nach Europa. Hier hatte München mit einer von NOK-Präsident Willi Daume angeregten und von Oberbürgermeister Dr. Hans Jochen Vogel präzis vorbereiteten und attraktiv vorgetragenen Bewerbung die Nase vorn – und anschließend noch mehr Arbeit und Strapazen, das versprochene »Olympia der kurzen Wege« zu verwirklichen. Ein norddeutsches Nachrichten-Magazin ernannte aus diesen und anderen Gründen München zur *heimlichen Hauptstadt*. Es waren nicht nur die Großbaustellen für die Verkehrswege, für neue Wohnviertel, Hochhäuser und Industrieanlagen, die der bayerischen Metropole diesen Titel einbrachten. Wirtschaftliche und kulturelle Faktoren multiplizierten sich gegenseitig. Neue Industrien der Elektronik, der Luft- und Raumfahrt, der Nachrichtentechnik und Chemie schufen Tausende von qualifizierten Arbeitsplätzen und konnten damit rechnen, daß neue Mitarbeiter gern nach München kommen würden. Das neue Wort vom *Münchner Freizeitwert* attestierte dieser Stadt und ihrer Umgebung der Wälder, Seen und nahen Skiberge eine besonders interessante Attraktivität. Die Verdichtung der Funktionen und Interessen brachte aber auch eine neue Gefahr für große Bereiche der Innenstadt und ihrer Wohnbezirke. Alte Wohnhäuser erwiesen sich mit ihren betagten Mietern als unrentabel gegenüber Neubauten voller Büros. Diese Kommerzialisierung vertrieb nicht nur die Mieter aus ihren gewohnten Heimstätten in weitaus teurere Neubauten, sondern droht auch den Charakter ganzer Viertel zu verändern, aus ständig lebenden Wohnstraßen stoßweise frequentierte Bürostraßen zu machen, die abends und am Wochenende kaum mehr jemanden beherbergen.

Einige negative Faktoren kamen zusammen; die großen Baustellen, die enorme Verteuerung aller Kosten, zum Beispiel für das unterirdische Stachus-Bauwerk ebenso wie für das Olympia-Zeltdach, die Verdichtung aller Funktionen mit ihren Folgen für Umwelt- und Luftverschmutzung, die Ausweitung der Verkehrskanäle auf Kosten des gewachsenen Stadtbildes, politische Querelen und schließlich wohl auch ein gewisses Lampenfieber vor dem großen Ereignis der Olympischen Spiele ... dies alles brachte München einen weiteren Titel ein: *die unheimliche Stadt.*

Eine ganze Welle von Publikationen zu Beginn des Olympia-Jahres nahm sich dieses Themas an und breitete es aus, mit vielen Fakten der Gegenwart, die zu Fragezeichen für die Zukunft auszuwachsen drohen. Selbst Schwabing sei kein Zustand mehr, lautet eine Klage angesichts der Kommerzialisierung des Amüsierbetriebs und der Vertreibung der Künstler und Literaten, die sich dort nicht mehr wohl fühlten.

Vor diesem Hintergrund mancher berechtigter Klagen und ungelöster Probleme gewinnt es an Gewicht, dieser Stadt einen Beinamen zu bestätigen und bewahren zu helfen, der eigentlich immer gültig war und es trotz allem bleiben möge: München – *Stadt der Lebensfreude!*

Diesem Thema ist dieses Bilderbuch gewidmet. Es kann nur Ausschnitte aus dem vielfältigen Leben dieser Stadt zeigen. Aber es will diese Stadt als menschlichen Erlebnisraum all denen nahebringen, die sie lieben, weil sie hier leben, oder die sie liebgewinnen, weil sie für kurz oder länger hierhergekommen sind.

Eine Stadt als Erlebnis – das ist nicht nur ein Betrachten von Kunst- und Bauwerken, so schön und interessant sie im einzelnen auch sein mögen. Auch sie spiegeln menschliche Schaffens- und Veränderungsprozesse wider, damals wie heute, König Ludwigs Bauwut wie das umstrittene Olympia-Dach.

»München ist mehr als eine Schau – es ist ein Erlebnis!« sagte einmal ein englischer Besucher nach einer Faschingsnacht im Haus der Kunst, an die er tags zuvor beim Betrachten dieses Bauwerks nicht recht hatte glauben wollen. Er benutzte das deutsche Wort »Erlebnis«, das er mit einigen anderen in dieser Nacht gelernt hatte. »Weil man ganz einfach mitmacht!« fügte er hinzu – und dies scheint das Geheimnis echten Erlebens zu sein. Suchen, entdecken, mitmachen!

Die meisten Bewohner dieser Stadt, die am liebsten doch in einem nachbarlich vertrauten großen Dorf leben würden, wenn es sich nur machen ließe, sind für das menschliche Miteinander gute Partner. Sie suchen und finden gern – jeder auf seine Weise – die individuellen und gemeinsamen Freuden am Leben, die zu teilen nach alter Erfahrung ein Verdoppeln bedeutet. Darum sind die gewachsenen Münchner auch gute Gastgeber, wenn man einmal die anfänglich gezeigte rauhe Schale überwunden hat, oft genügt dafür ein gutes Wort, am besten ein herzliches Lachen.

»München ist mehr!« sagt ein vieldeutiges Wort, das im Mitmachen schnell besser zu begreifen ist. Hier durchtanzt man im Winter die heißen Faschingsnächte, und am Aschermittwoch geht man nicht nur bußfertig in die Kirche (wenn man es tut), sondern vor allem zum – wieder fröhlichen – Fischessen! Wenn der Herbst droht, feiert man das Oktoberfest! Und zur Fastenzeit, die eigentlich die Genüsse einschränken soll, trinkt man das stärkste Bier des Jahres – wie es seit jeher die Mönche taten, von denen diese Braukunst überliefert wurde.

Wohl kaum eine Stadt feiert so gern und ausgiebig ihre Feste, die kleinen wie die großen, wenn die Innenstadt abgeriegelt wird, um ganz dem Festzug zu gehören.

Es ist nur natürlich, daß die Münchner, wie ihre Gäste, nicht alles erleben können, was diese Stadt bietet. Doch jeder kann sich seinen Ausschnitt erwählen. Dafür will dieses Buch Anregungen und Perspektiven geben, den Anstoß liefern, hierhin oder dorthin zu gehen, zu verweilen oder gar mitzumachen. Es will keine besonderen, einmaligen Situationen zeigen, die man kaum mehr erleben kann, sondern diese Stadt und ihre Menschen, wie sie sind, ihr Jetztsein, ihr Sosein, ihr Eingespanntsein in Gegensätze, ihre Arbeit, ihren Alltag und ihre Feste, ihr Leben in seiner Vielseitigkeit, aus dem jeder sein eigenes Erleben schöpfen kann.

MUNICH IMPRESSIONS

This city has many names, flattering and critical, ornamental, satirical, each one an association in its own way, a bit of history of her walls and of the people who lived and live within them.

The village of *Munichen*, mentioned more than eighthundred years ago in the chronicles of the cloister at Tegernsee, derived its name from the monks who had settled there. The centuries have handed down the monk's figure in the city-arms as the "Munich child." On fitting occasions even pretty girls are frocked in black-and-gold; hardly a monastic "habit," but very human. For even in the monk's village there must have been pretty girls and little children, how else could anything have become of Munichen? To this extent the child-in-the-habit in the city-arms has on second glance kept its natural logic and symbolic value to the present day.

That Munichen had become a market and trading place by 1158, and soon an important town is due actually to a "prussian" misdeed–following, of course, the present bavarian custom of dubbing all northern Germans "Prussians." Heinrich, Guelph Duke of Brunswick, called the "lion" for his martial feats, had as much thirst for action as he lacked money. As a vassal of the emperor he had received bavarian land, but it was the Bishop of Freising who collected the Isar-bridge tolls at Föhring on the old trade route from Salzburg to Augsburg.

Not for long, for the Duke soon had the trading post of Föhring overrun and the wooden bridge burnt down, in order to construct his own an hour's journey upstream at Munichen. An island in the Isar–roughly where the Deutsches Museum stands today–simplified this plan. From then on the trading caravans had to use the new bridge and enrich the ducal treasury, since they mainly carried salt and could not ford the river. Bishop Otto protested in vain. On 14 June 1158 at the Augsburg Imperial Parliament Emperor Barbarossa proclaimed Munichen a market and trading center with custom and coinage rights, and thereby guaranteed the advancement of the town which the Duke had had fortified and expanded. Since that day Munich celebrates the fourteenth of June as Founding Day; the eighthundred years celebration in 1958 was a big event.

Although the town flourished, its founders had lost favour and power by 1195. A faithful follower of the Emperor Barbarossa, Otto von Wittelsbach, had already acquired Bavaria as his fiefdom in 1180. His family moved into the ducal residence in Munich in 1225, and from that day determined the fate of city and state even into our century.

Few medieval buildings of note have survived the centuries. The Old Court was the center of the first Residence, now finance clerks slave behind its walls. The oldest parish church, "Alter Peter," built in 1181, was repeatedly destroyed and then rebuilt in the style of each succeeding era–romanesque, gothic, renaissance und baroque. The gothic Frauenkirche, whose corner stone was laid in 1468 and whose towers long remained unfinished, finally acquired cupolas in the italian style.

The massive barrel-vault of the Renaissance Michaelskirche was erected between 1583 and 1588. The baroque of italian master builders and their local disciples flourished here after the Thirty Years War, which had brought Munich hardship and pestilence, and reduced the population from twentyfourthousand to ninethousand. The Theatinerkirche (1663–1690) is the most important building of this era. The playful Rococo followed, and through the work of such talents as Cuvilliés, Effner and the Asam brothers, left a series of buildings admired more than ever today. Most of the interior decor of Cuvilliés' Residence Theatre was saved in the last war, and now forms the interior of the theatre rebuilt on another site. Each era wrought greater and more expansive changes in the city. In the nineteenth century this city of Baroque and Rococo acquired monuments in the classical style, and soon thereafter the fitting name, *Athens-on-the-Isar*. At first–and for obvious reasons–it was the creation of King Ludwig the First in the 1830's and 40's which justified this designation. Although Munich's dynastic connection with Athens–Prince Otto von Wittelsbach was the first king of Greece after the Turkish liberation–was shortlived, the face of the city was forever altered by this enthusiasm for classical antiquity. Its ideals of beauty, its architecture, its humanism and monumental simplicity fascinated a Munich longing to break out of the narrowness of medieval thought and architecture, and out of the intricate fantastique of the Baroque.

The grandiose buildings of Ludwig the First–the Königsplatz with the Glyptothek, the State Gallery and Propylaeum, the Ludwigstrasse, the old and new Pinakothek as the expansion of the Residence–found approval as well as vocal criticism. The King was so harshly reprobated for his ostentation and construction-mania, and finally for his affair with the dancer Lola Montez that he abdicated bitterly in the year of revolution 1848 and left the throne to his son Max Zwo (Maximilian the second). None the less, the Munich which had cast off medieval bonds had become a center for the arts of European renown through King Ludwig's patronage, and soon the appellation "Athens-on-the-Isar" stood for the continual force of attraction the city exercised on artists and scholars throughout the world.

Quite apart from the arts, the Weisswurst-Metropolis, as Munich is fondly called, aims for other aspects of the bavarian way of life: for the centuries-old custom of eating and drinking well in public, for gastronomic Gemütlichkeit at all levels and prices. No statistician has yet calculated the ratio of population to restaurant capacity for several metropolitan areas, but one easily gets the impression that Munich's restaurants must seat the most of all. The beer drunk in those restaurants has always had a special reputation. Today it has far greater economic significance than the Weisswurst, which has disappointed many a visitor who forgot to add the special sweet mustard. But there's beer elsewhere, and so it is the Weisswurst–typically Munich and hard to find other places–that lends its name so appropriately.

Moreover, the Weisswurst is the epitome of a modest, everyday and yet special delight. For this sausage, which is not supposed to survive high noon, is neither a meal, nor a substitute lunch or an early dinner, but simply an extra little feast. As a matter of fact it was invented quite by accident some one hundred years by a butcher's apprentice. That its centenary was celebrated so joyously, and that it is wholesome and delicious–especially after a night of Fasching-carousing–give evidence of continued popularity.

The pompous title, *Capitol of the Movement*, which the Nazis gave to the birthplace of their party, proved to be evanescent. The citizens of Munich quickly turned that into "Capitol of the counter-movement," and meant nothing at all political by it. Perhaps they were just plain proud of traditional bavarian eroticism. Who'd like to contradict them!

If in the years following the Second World War this heavily-battered city could have something like a breast and two opposing souls within it (cf. *Faust*, lines 1112-3), then this characterization would be fitting: *Village of Millions*. This name hit the mark–for a while! It expressed what the residents of this city desired, and what they could not prevent. They wanted a village, a familar center of activity with everyone as their neighbor and they themselves in the midst of everything, even if it was only a shopping trip to that secular holy of holies, the Viktualienmarkt.

On the other hand they could not prevent Munich from passing the one-million mark in 1957 and continuing to expand–more people, more residential areas, more services and above all more traffic! Stachus was declared the most congested place in all Europe. Seas of cars backed up at bottle-necks in the inner city. The new streets constructed to accommodate the overflow changed the traditional face of the city decisively. Standardization sprouted all over. The unsurveyable spread and spread. Technology offered its customary solutions for the problems of housing, supply and transportation. The reduction of the individual to a commuter with no real existence outside his place of work and his "assembly-line" apartment seemed inevitable.

To many who love Munich, this exchange of personal values for a leveling standardization, was a grave threat to themselves and their city which could scarcely be averted. A village for millions is a fine notion, but in to-day's social reality a pipe dream. "Munich is not so ge-mütlich as it once was" goes a complaint one can hear anywhere about the process of change which has made a large city out of an alleged village. In the sixties, the new slogan "Metropolis with a heart" replaced the "Vil-lage of millions;" an attempt to respond to the human drive for individuality with a reference to temperament and feelings, to the heart. "Heart" instead of "village!" To the horror of many of its residents the city prevailed even more with its myriad traffic-routes. Dynamic change in Munich seemed to be following its own laws, and could not be stopped, especially since the city was enjoying an ever-growing international popularity.

Suddenly in 1966 Munich became *the* german city, and an immense construction site to boot, as it was selected become in 1972 the *Olympic town*. At the Rome session of the International Olympic Committee Munich was a nose ahead of fellow competitors Montreal, Madrid, and Detroit, bringing the games back to the Continent after they had skipped from Rome (1960) to Tokyo (1964) to Mexico (1968). The entry instigated by Willi Daume, president of the German Olympic Committee, and well prepared and presented by Major Hans Jochen Vogel had done its work. Then began the hard work and struggle to realise the promised "Centralized Olympics." For this and other reasons a Hamburg news magazine dubbed Munich the *unofficial capitol city*. It was not just the huge construction sites for transportation, resi-dential districts, high-rises, and industrial facilities which garnered this new title. Economic and cultural factors influenced each other in turn. The new electronics-, aero-space-, communications-, and chemical-industries created thousands of positions for qualified workers who

would be sure to flock to Munich. The new phrase *Munich's leisure value* gave evidence of the special at-traction of the woods, lakes and nearby skislopes of Munich and its environs. This concentration of business interests, however, brought new dangers for large por-tions of the inner city and its residential areas. Old apartment houses proved unprofitable compared with new office buildings. Commercialisation not only drove tenants out of their accustomed homes into far-more ex-pensive quarters, but also threatened to change the charac-ter of entire districts. Bustling residential streets were transformed into sporadically-frequented commercial streets housing scarcely a soul on evenings or week-ends.

Several negative factors arose: the huge construction sites; the enormous increase in costs, incurred, for ex-ample, in the construction of the underground complex at Stachus, and the roof of the Olympic Stadium; the concentration of industry and services with all its conse-quences for environmental and air pollution; the exten-sion of traffic routes at the cost of the traditional "look" of the city; political disputes; and finally a certain stage fright in view of the coming Games ... all this yielded Munich yet another title, *The unsavory city*. At the be-ginning of the Olympic year a host of publications de-voted itself to this theme, and published facts about the present which threaten to put the future in question. "What has become of Schwabing ...?" cries one lament brought about by the commercialisation of entertainment there, and the exodus of artists and writers who ceased to feel at home, "... is nothing sacred anymore?".

Considering this background of justified complaint and unsolved problems it becomes more important than ever that Munich confirm and preserve a designation which was actually always valid, and may remain so in-spite of all: Munich, *city of the joys of life*.

This photographic essay is devoted to that theme. Though it can do no more than show aspects of the multi-farious life of this city, it hopes to bring the experience of Munich close to those who love the city because they live here, and close to those who grew to love the city because they stayed here for a while or longer. The experience of a city is not just the contemplation of monuments and works of art, be they ever so beautiful and interesting in themselves. They, too, reflect the processes of change and creation, then as well as now, King Ludwig's passion for construction, and the controversial "Olympic Roof."

"Munich is more than a spectacle—it's an experience" an English visitor once said after a Fasching's night in the Haus der Kunst. A night the likes of which he did not quite want to believe when looking at that building the day before. He used the german word *Erlebnis* (experience), one of several he had learned that night. "Simply because one takes part!" he continued—and this seems to be the secret of genuine experience. Seek out, discover, participate!

Most residents of Munich, who would much rather reside in a familiar neighboring town if they only could, are good partners for human togetherness. Each, in his own way, is happy to discover the individual and social joys of life, the sharing of which doubles pleasure, as an old adage tells us. Hence the long-time residents of Munich are good hosts, too, once one has pealed away the shell they often hide behind at first. Often the right word, or best of all a hearty laugh suffices. "Munich has more"

says an ambiguous slogan which can be better and more quickly grasped by taking part. Here one dances away the hot nights of Fasching, and then on Ash Wednesday goes to church (if one goes at all) penitent, but ever-ready for the joyous fishfeast which follows. The Oktoberfest is celebrated as summer wanes, and during Lent, when the pleasures of the senses should not be so indulged, one drinks the strongest beer of the year, as did the very monks who handed down this contribution to the brewer's art.

Scarcely another city celebrates its festivals, large and small, so gladly and throughly as when the inner city is cordoned off and devoted entirely to a festival parade. It is not be expected that the people of Munich and their guests experience everything this city has to offer; one must make a selection. To this end this book hopes to stimulate and interest, to give the impetus to go here, or there, to linger, or even to take part. It does not intend to present those unique situations that few are privy to, rather it hopes to show this city and its people as they are, to show their way of life, their character, their involvement in the contradictions and controversies of the day, their work, their holidays and their every-day life, in short the variety of Munich life, from which everyone can create his own adventure.

MUNICH, VILLE VECUE

Cette ville connait beaucoup de noms, flatteurs et critiques, embellissants et satiriques, chacun a ses propres attaches et nous conte l'histoire de ses murs, de ceux qui y ont vécu et y vivent encore.

C'est il y a plus de huit cents ans que les régistres du couvent de Tegernsee font mention du village de *Munichen* qui doit son nom aux moines qui s'y étaient installés.

Les siècles nous ont transmis le personnage du moine, symbolisé aujourd'hui sur les armes de la ville par le « Münchner Kindl ». En certaines occasions importantes ce sont de très jolies jeunes filles qui revêtent la bure – ce

qui n'est plus monacal mais bien humain. Munichen, ce village de moines, vit certainement de très belles jeunes filles et fillettes, autrement la ville ne serait pas devenue ce qu'elle est. Il est donc normal et logique que le Münchner Kindl – l'enfant à la bure – des armes de la ville ait gardé tant de siècles durant son symbolisme, transmis jusqu'à nos jours.

Selon la version actuelle, Munichen doit à un méfait « prussien » – tous les allemands du nord étant uniformément des prussiens – d'être très rapidement devenu, vers les années 1158, un centre d'échanges et un grand marché.

Le duc guelfe de Brunswick, Henri, bientôt surnommé « Le Lion » pour ses exploits guerriers, était tout autant assoiffé d'héroisme qu'il manquait d'argent. L'empereur avait donné le pays bavarois à ce vassal puissant. Or, sur l'ancienne route de Salzbourg à Augsbourg, l'évêque de Freising avait établi un octroi sur le pont de l'Isar, à Föhring.

Le duc guelfe fit donc attaquer le bourg de Föhring et en incendier le pont. Il fit ensuite ériger un autre pont à Munichen, situé à environ une heure à pied en amont. Une île dans l'Isar impétueuse – c'est là que se trouve aujourd'hui le « Deutsches Museum » – facilita ce projet. Les convois de charriots qui transportaient surtout du sel et ne pouvaient donc pas traverser à gué, se virent alors obligés d'utiliser le nouveau pont et de verser dans les caisses du duc guelfe les droits de péage. L'évêque éleva en vain des protestations. Le 14 juin 1158, lors de la Diète d'Augsbourg, l'empereur Frédéric Barberousse fit établir la charte élevant Munich, contruite et fortifiée par les Guelfes, au rang de bourg et de place marchande avec droit de battre monnaie et de prélever les impôts, scellant ainsi son destin. Depuis ce jour, le 14 juin est pour les munichois la fête de la fondation de la ville. En 1958, le huitième centenaire de sa fondation fut célébré avec beaucoup d'éclat.

Tandis que la ville florissait, ses fondateurs perdaient toute puissance et tombaient en disgrâce. Otto de Wittelsbach, fidèle vassal de l'empereur Frédéric Barberousse, avait reçu en fief, en 1180, le duché de Bavière. Sa famille établit en 1255 sa résidence ducale à Munich. C'est elle qui, jusqu'à la fin de la Première Guerre Mondiale, décida de l'histoire du pays et de la ville.

Très peu de monuments du Moyen-Age ont survécu. L'« Alter Hof », cœur de la première résidence, abrite aujourd'hui dans ses murs les fonctionnaires des Finances. La plus ancienne église paroissiale, l'« Alter Peter », construite en 1181, fut détruite à plusieurs reprises et toujours reconstruite dans le style de l'époque. Les styles roman, gothique, renaissance et baroque s'y sont succédé. La « Frauenkirche » – l'église Notre-Dame – de style gothique, dont la première pierre fut posée en 1468,

dresse ses tours longtemps restées inachevées et qui finalement reçurent une calotte à la manière italienne. C'est sous l'influence dominante de la Renaissance que fut érigée de 1583 à 1588 l'immense voûte en tonneau de la « Michaelskirche » (église Saint-Michel). Après la guerre de Trente Ans, apportant aux Munichois la misère et la peste qui réduisirent le nombre des habitants de vingt-quatre mille à neuf mille, l'architecture baroque put s'épanouir dans l'œuvre des maîtres italiens et de leurs élèves bavarois. La « Theatinerkirche » (église Saint-Gaétan ou des Théatins) – 1663 à 1690 – est l'œuvre la plus importante de l'époque. Puis vint le rococo enjôleur qui nous a laissé toute une série d'édifices dûs au talent de grands architectes tels que Cuvilliés, Effner et les frères Asam et qui méritent aujourd'hui encore toute notre admiration. C'est ainsi que fut sauvée des ravages de la Deuxième Guerre Mondiale la plus grande partie de la décoration intérieure de l'ancien théâtre de la Résidence, dû au génie de Cuvilliés, reconstruit par la suite à un autre endroit de la Résidence. C'est aujourd'hui le Théâtre Cuvilliés.

La physionomie de la ville a subi des transformations de plus en plus importantes; son étendue n'a cessé de croître; elle a toujours su s'adapter à l'esprit de l'époque. Au 19ème siècle, de nouveaux bâtiments de style néo-classique s'élevèrent dans la ville du baroque et du rococo, ce qui la fit appeler l'*Athènes de l'Isar*.

Tout d'abord et ce qui saute immédiatement aux yeux, ce sont les édifices qui donnent à la ville ce cachet. C'est dans les années 1830 à 1840 que le roi Louis Ier donna à la ville ce nouvel accent. Les liens dynastiques entre Munich et Athènes, lorsque le prince Otto de Wittelsbach fut couronné le premier roi des Hellènes après la libération du pays du joug turc, ne furent qu'un court épisode historique. Cependant, l'enthousiasme de cette époque pour le classicisme de l'art antique transforma complètement l'image de la ville. L'idéal de beauté et l'architecture de l'Antiquité, son esprit d'humanité et la sobriété de ses monuments ont fasciné les hommes de l'époque et leur ont permis de se libérer de l'exiguïté et de l'étroitesse de la pensé du Moyen-Age et de ses constructions, mais également du fantastique délirant du baroque.

Les monuments imposants du roi Louis Ier, la « Königs-platz » – place royale – avec la Glyptothèque, la « Staats-galerie » – galerie d'Etat – et les Propylées, la « Ludwig-straße », l'Ancienne et la Nouvelle Pinacothèque ainsi que les travaux d'agrandissement de la Résidence ont rencontré un large consentement, mais se sont aussi heurté à de violentes critiques. On a reproché au roi son amour des fastes et sa rage de bâtisseur. Sa liaison avec la dan-seuse Lola Montez l'obligea finalement, aigri, à abdiquer et à laisser le trône à son fils Maximilien II. Mais cette Athènes de l'Isar, sortie de l'étroitesse du Moyen-Age, était devenue, grâce à la passion du roi Louis Ier pour les Arts, un centre artistique de réputation euro-péenne. Bientôt ce surnom, surtout dans le domaine des choses de l'esprit, exprimait l'attrait que cette ville a de-puis exercé sans cesse sur les savants et les artistes du monde entier.

Par contre la *Métropole de la Weisswurst* (la Weisswurst est une sorte de boudin blanc), comme Munich se fait quelquefois apostropher, se présente à nous sous l'aspect d'une certaine façon de vivre typique à la Bavière: ce penchant et cette coûtume, transmis depuis toujours, de bien boire et de bien manger en public, ce bien-être gastronomique à tous les niveaux, pour les pauvres com-me pour les riches. Jusqu'à présent aucune statistique n'a encore comparé pour les différentes villes le nombre des habitants à celui des chaises d'auberges, de restaurants et de cafés. Mais à Munich, on a très vite l'impression que le nombre des chaises vient en tête. D'autre part, la bière de Munich a toujours eu une grande renommée et connait de nos jours une importance économique bien plus impor-tante que la « Weisswurst » qui, sans l'accompagnement de sa moutarde douce, déçoit bien des étrangers. La bière se boit partout; c'est pourquoi cette « Weisswurst » si typiquement munichoise, que l'on trouvera difficilement ailleurs, a donné son nom à la ville et est devenue un des symboles d'une certaine façon de jouir de la vie: cette vie de tous les jours dans sa plus grande simplicité. Car la « Weisswurst », dont on dit qu'elle ne doit pas enten-dre sonner le carillon de midi, n'est pas un repas, ni une sorte de lunch, ni nême un déjeuner matinal, mais tout

simplement un « Schmankerl » – un encas délicieux – pour accompagner un pichet de bière et un bretzel. Sa « découverte », due à l'erreur d'un garçon-boucher, re-monte à plus de cent ans. Son premier centenaire fut joyeusement fêté. C'est une spécialité très légère, bien agréable après des nuits de carnaval pendant lesquelles on a beaucoup bu et dansé; cette qualité ne manquera pas de l'assurer de la fidélité des Munichois pendant encore de nombreuses générations.

Le titre de *Capitale du Mouvement* donné à Munich par les dirigeants nazis en souvenir de la ville où ils avaient fondé leur parti, fut très éphémère. Les Munichois en firent vite la « Capitale de l'Anti-Mouvement »; ils n'y voyaient bien sûr aucune « allusion politique », et vis-aient plutôt la tradition bavaroise sensuelle d'un érotisme voluptueux et baroque. Qui aurait osé prétendre le con-traire?

Si, pendant les années qui suivirent la Deuxième Guerre Mondiale, cette ville qui avait tant souffert, avait pu connaître en son cœur deux sentiments contradictoires, c'est bien cette antinomie qui peut le résumer au mieux: *Le village au million d'habitants!* Cette expression se trouva justifiée, mais pour un bref instant seulement. En effet, elle exprimait ce que les habitants de cette ville désiraient, mais ne pouvaient empêcher: ils désiraient toujours la vie de village, ce noyau en développement, homogène et compréhensible dans son étendue; ils vou-laient voir en chacun le voisin, faire partie de tous les évènements, en être les témoins, même s'il ne s'agissait que de faire ses courses au « Viktualienmarkt », ce centre sacro-saint du village.

Mais de l'autre côté, ils ne purent empêcher qu'en 1957 Munich ne dépassât le millionième habitant et ne s'ac-crût sans cesse en population, en quartiers, en prestations de service, mais surtout en circulation. C'est ainsi que le « Stachus », la grande place centrale, fut officielle-ment reconnu comme la place d'Europe à la circulation la plus dense; des flots de voitures encombrèrent les rues étroites du centre de la ville, se frayant un chemin à travers les rues nouvellement tracées, changeant la phy-sionomie habituelle de la ville de façon décisive et irrévocable. L'effet de masse prit le dessus de tous côtés. Il devint de plus en plus impossible de tout embrasser du regard. Il fallut trouver des solutions techniques variées pour l'habitat, l'approvisionnement et les transports. Il parut inéluctable de réduire l'individualité de chacun entre le fonctionnel et le cadre privé, dans le va et vient constant, entre le lieu de travail et le logement normalisé. La dégradation de cette joie de vivre si particulière vers une planification totale apparut à bien des amoureux de la ville comme un danger menaçant, pratiquement inévitable, tant pour eux que pour la ville-même. « Le village au million d'habitants », c'est une très belle expression, mais dans sa réalité sociale un idéal irréalisable. « Munich n'est plus aussi intime et agréable qu'autrefois », ce reproche s'entend de tous côtés lorsqu'on parle des changements subis par la ville, transformant ce prétendu village en une grande ville.

En 1960, un nouveau slogan, « la métropole au grand cœur », a remplacé le « village au million d'habitants »; en faisant justement allusion aux sentiments, au tempérament, bref au cœur, le mot de grand cœur remplaçait celui de village. Mais la métropole l'a emporté de haute lutte avec ses grandes artères qui sont la terreur de bien des Munichois d'aujourd'hui. La dynamique de la métropole connait ses lois propres qu'il est impossible de freiner, d'autant plus que Munich peut se vanter d'exercer ses charmes bien au-delà des frontières de l'Allemagne. Munich était devenue le prototype de la ville allemande et, de plus, un immense chantier, quand, en 1966, elle fut soudain élue *Ville Olympique* pour les Jeux de 1972. Lors de la réunion du Comité Olympique International qui se tenait à Rome, les autres concurrents étaient Montréal, Detroit et Madrid. Après Tokio en 1964 et Mexico en 1968, le saut de continent en continent amena les Jeux Olympiques en Europe. Munich sut prendre la tête du peloton, grâce à sa candidature proposée par le Président du Comité Olympique Allemand, M. Willi Daume, candidature préparée avec soin et exposée avec beaucoup d'attrait par le Premier Bourgmestre, le Dr. Hans Jochen Vogel. Le résultat apporta encore plus de difficultés et de travaux pour réaliser ces « Jeux Olympiques des plus

courts chemins ». C'est pour cette raison, et pour d'autres également, qu'un journal de l'Allemagne du Nord a appelé Munich la *Capitale secrète* de l'Allemagne. Ce ne sont pas seulement les immenses chantiers, les travaux routiers, les nouveaux quartiers, les hauts immeubles et les installations industrielles qui ont valu à la métropole bavaroise ce nouveau titre. Les facteurs économiques et culturels se sont multipliés sous leur influence mutuelle. De nouvelles industries de l'électronique, de l'aéronautique et de la navigation spatiale, de l'informatique et de la chimie ont procuré des millions d'emplois à des spécialistes. Il était bien évident que ce nouveau contingent serait heureux de venir s'installer à Munich. La nouvelle appellation *Munich des loisirs* témoigne de l'attrait particulièrement intéressant de cette ville et de ses environs: forêts, lacs, montagnes proches chères aux skieurs. Mais la concentration des fonctions et des intérêts apporte un nouveau danger à la zone étendue du centreville et de ses quartiers populaires. Les anciennes maisons avec leurs vieux locataires ne sont plus rentables si on les compare aux nouveaux immeubles d'affaires. Cette commercialisation ne chasse pas seulement les anciens locataires de leurs asiles habituels pour les installer dans de nouveaux immeubles aux loyers bien plus chers, mais elle menace aussi de transformer complètement le caractère de quartiers entiers et de modifier des rues vivantes et bourdonnantes à toute heure du jour en quartiers d'affaires, animés uniquement à certaines heures et qui n'hébergeront plus personne en fin de semaine ou le soir.

Quelques facteurs se sont ainsi accumulés: les immenses chantiers, la hausse énorme du coût de la vie, par exemple les travaux d'aménagement sous le « Stachus » ou le toît en forme de tente du Stade Olympique, la concentration des activités avec ses conséquences pour la protection de l'environnement et la pollution de l'air, l'extension des voies de communication au détriment de la physionomie de la ville agrandie, les querelles politiques et finalement – ce qui est bien compréhensible – un certain trac devant le grand évènement: les Jeux Olympiques. Tout ceci contribua à donner à la ville cet autre attribut: *La ville inquiétante.* Au commencement de l'Année

Olympique, toute une série de publications se sont emparées de ce thème qui fut propagé et auquel vinrent s'ajouter plusieurs faits d'actualité, menaçant de se changer en points d'interrogation inquiétants pour l'avenir. « Schwabing, ce quartier des artistes et des intellectuels, n'est plus ce qu'il était autrefois »; nombre d'artistes et d'écrivains ne s'y sentent plus à l'aise et s'en plaignent, d'autant plus que la commercialisation des lieux d'amusement les en a chassés.

C'est face à certains reproches justifiés et à certains problèmes non encore résolus à ce jour qu'il devient de plus en plus important de confirmer et d'aider la ville à conserver cette autre devise qui a toujours été valable et qui doit le rester et le restera: *Munich, la ville de la joie de vivre.* Cet album de photos est dédié à ce thème. Il ne peut montrer que certains fragments de la vie si colorée et animée de la ville. Il veut aussi et surtout la rapprocher, elle et ses souvenirs humains, de tous ceux qui l'aiment parce qu'ils y vivent, qu'ils ont appris à l'aimer et parce qu'ils y sont venus pour peu ou pour longtemps.

Une ville vécue, ce n'est pas seulement un défilé d'œuvres artistiques ou architecturales, si belles ou si intéressantes soient-elles en particulier. Mais ces œuvres reflètent aussi les processus de création et de transformation, hier comme aujourd'hui, la rage de bâtir du roi Louis Ier, le toît en forme de tente du Stade Olympique si discuté. « Munich, c'est plus qu'un spectacle, c'est une aventure », disait une fois un visiteur anglais après une nuit de carnaval au « Haus der Kunst » (Maison des Arts), qui lui avait paru incroyable et impensable lorsqu'il avait visité la veille cet imposant édifice. En fait, il avait utilisé ce mot typiquement allemand « Erlebnis », qu'il avait appris avec quelques autres durant cette nuit. « Tout simplement parce qu'on est de la partie, on fait comme les autres », ajouta-t-il, et ceci paraît être le secret de ce qui est vraiment et fut véritablement vécu. Chercher, découvrir et participer.

La plupart des habitants de cette ville, qui, si seulement c'était possible, préféreraient de beaucoup vivre dans un autre grand village voisin familier, sont de bons partenaires de cette communauté humaine. Ils cherchent et trouvent volontiers, chacun à sa façon, les joies de vivre individuelles et communes qui, selon un vieux dicton, se doublent quand on les partage. C'est pourquoi les vrais Munichois sont des hôtes accueillants, une fois que l'on a su percer leur écorce un peu rugueuse; souvent il suffit d'un mot gentil et encore mieux d'un rire franc et gai.

« Munich, c'est encore plus », assure un proverbe évocateur que l'on comprendra d'autant mieux « qu'on fait comme les autres ». Pendant le carnaval en hiver, on danse des nuits passionnées, mais le Mercredi des Cendres on ne va pas seulement, le repentir plein le cœur, à l'église – si l'on y va –, on va surtout faire un bon repas de poisson, une raison de plus de s'amuser. Quand l'automne s'annonce, c'est la « Fête d'Octobre », et, pendant le Carême qui devrait en fait freiner les plaisirs corporels, on boit la bière la plus forte de toute l'année, selon la coûtume des moines qui nous ont légué l'art de la brasserie. Il n'y a aucune ville qui célèbre si volontiers et si généreusement ses fêtes, les petites comme les grandes, lorsque par exemple le centre de la ville est interdit à toute circulation pour laisser passer un cortège.

Il est tout naturel que les Munichois et leurs invités ne puissent participer à tout ce que la ville offre. Chacun peut cependant choisir. C'est le propos de ce livre d'offrir des suggestions et des perspectives, invitant à aller ici ou là, à flâner ou même à vivre comme les autres. Cet album ne veut pas relater des moments uniques que l'on ne pourra guère vivre, mais tout simplement présenter cette ville et ses habitants tels qu'ils sont: actualité, présence, tension des contradictions, travail, vie de tous les jours, fêtes, bref la vie munichoise sous ses aspects multiples permettant à chacun de vivre selon ses goûts.

1 ▶

Blick vom Alten Peter auf Marienplatz, Rathaus und Frauenkirche
View of Marienplatz, Townhall and the Frauenkirche from "Old Peter"
Le Marienplatz, l'Hôtel de Ville et la cathédrale
vus du vieux Saint-Pierre

2 ▶▶

Blick über den Stadtkern auf die Alpenkette im Süden
View of the center of the city and the Alps in the south
Vue du centre-ville. A l'arrière-plan au sud les Alpes

3
Die Frauentürme, Wahrzeichen durch fünf Jahrhunderte
The towers of the Frauenkirche, trademark for five centuries
Les tours de la cathédrale, emblème de la ville depuis cinq cents ans

4 ▶
Der Olympia-Fernsehturm, Monument der Gegenwart
Olympic television tower, monument to the present age
La tour de télévision olympique, monument du présent

5/6
*Münchner Pole:
das Hofbräuhaus
und das
»Atom-Ei«*
*Munich revolves
on an axis
trough the
Hofbräuhaus and
through the
"atomic egg"*
*Pôles de Munich:
le Hofbräuhaus
et « l'Œuf
atomique »*

7
Die neue Stadt: Arabella-Park
The new city: Arabella Park
La ville nouvelle: Arabella-Park

8 ▶
Das älteste München: der Alte Hof
The oldest part of Munich: the Alte Hof (the old court)
La plus ancienne partie de Munich: l'ancienne Cour

10
*Einsamkeit in
den Isaranlagen*
*Alone in the
Isar meadows*
*Solitude dans
les jardins
de l'Isar*

11
Symbol der Kultur: Pegasus-Mosaik am Nationaltheater und Max-Joseph-Denkmal
Cultural symbol: pegasus mosaic at the National Theatre,
in the foreground the Max-Joseph monument
Symbole de culture: la mosaïque de Pégase au Théâtre National,
devant le monument de Max-Joseph

12 ▶
Zentrum der Lebensfreude: Faschingstanz
Fun center–fasching's dance
Centre de la joie de vivre: danse de Carnaval

13

Die Mariensäule vor den Glocken-
spielfiguren des Rathausturmes
ist der Mittelpunkt der Stadt
The Mariensäule in front of
the Townhall carrilon figures—
the center of the city
La colonne de la Vierge, cœur
de la ville; devant les personnages
du carillon de la Tour de l'Hôtel de
Ville

14

Der Marienplatz, jetzt Oase
für Fußgänger, war bis vor kurzem
das Verkehrskreuz der City
Marienplatz, until recently
the city's main intersection,
now an oasis for pedestrians
Le Marienplatz, aujourd'hui zone
piétons, était il y a encore peu le
grand carrefour

15

Die neue Fußgängerzone in der
Kaufinger- und Neuhauser Straße
The new pedestrian mall in the
Kaufinger- and Neuhauser Strasse
Les nouvelles zones piétons dans
les Kaufinger et Neuhauser Strasse

◀ 16
Ostermesse in St. Peter
Easter mass in St. Peter
Messe de Pâques à Saint-Pierre

17
Kritische Jugend in der Fronleichnamsprozession
Young demonstrators in the Corpus Christi procession
Manifestants suivant la procession

18
Fronleichnam, Demonstration des Glaubens.
Kardinal Döpfner trägt die Monstranz durch die Stadt
Kardinal Döpfner carrying the Monstrance
in the Corpus Christi procession
La Fête-Dieu, manifestation de la foi,
le cardinal Döpfner parcourt la ville
en portant l'ostensoir

20 ▶

19

Prof. Dr. Werner Heisenberg an seiner Arbeitstafel
im Max-Planck-Institut für Physik und Astrophysik

Prof. Dr. Werner Heisenberg working at his black board
in the Max Planck institute for physics and astrophysics

Le professeur Dr. Werner Heisenberg à l'Institut Max-Planck
de Physique et d'Astrophysique

Plasma, die Materie der Sterne, entsteht
für kurze Momente in diesem Stellarator (Magnetfeldring)
des Max-Planck-Instituts für Plasmaphysik

Plasma, stellar matter, created for a life
of micro-second in this stellarator

La Plasma, matière des étoiles a été simule pour quelques
micro-secondes dans le Stellarator (champ magnetique)
de l'Institut Max-Planck pour la Physique des Plasma

(Foto: Max-Planck-Institut für Plasmaphysik)

21

*Die dritte Stufe der Europa-Rakete,
hergestellt im raumfahrttechnischen Zentrum
Ottobrunn (Messerschmitt-Bölkow-Blohm)*

*The third stage of the Europa-rocket,
fabricated in Ottobrunn, space-travel
technology center (Messerschmitt-Bölkow-Blohm)*

*Le troisième étage de la fusée Europe,
fabriquée au Centre de technique spatiale
d'Ottobrunn (Messerschmitt-Bölkow-Blohm)*

22/23

*Erfolgreicher Doppelstart der »Eisenbahn von morgen«
bei zwei Münchner Unternehmen: Die ersten
Magnetschwebekabinen der Welt auf den Teststrecken
bei Messerschmitt-Bölkow-Blohm (Mitte)
und Krauss-Maffei (unten)*

*Successful dual start of the "train of tomorrow . . ."
the first magnetic hovering craft
on Messerschmitt-Bölkow-Blohm's (in the middle)
and on Krauss-Maffei's experimental tracks (below)*

*Réussite du double départ du « Train de demain »,
crée par deux entreprises de Munich:
la première cabine du monde sur rail magnétique,
sur le parcours d'essai de Messerschmitt-Bölkow-Blohm
(au milieu) et Krauss-Maffei (ci-dessous)*

24 ▶

*Neue Architektur: der »Vierzylinder«
der Bayerischen Motorenwerke*

*New architecture—
the "four-cylinder" Bavarian Motor Works*

*Architecture moderne:
la « quatre-cylindrée » l'usine B. M. W.*

◀ 25

Deutsches Museum, Nachbildung der Höhlendecke von Altamira mit ihrer prähistorischen Bemalung
Reproduction of the roof of the Altamira cave with its prehistoric paintings (Deutsches Museum)
Au Deutsches Museum: copie des voûtes des grottes d'Altamira et de leurs peintures préhistoriques

26
Halle der Luftfahrt
Hall of air travel
Hall d'aviation

27
*Altgriechische Skulpturen des Tempelfrieses
von Aegina in der Glyptothek*
*Sculpture of ancient Greece—the temple frieze
of Aegina in the Glyptothek*
*Sculptures grecques anciennes des frises
du temple d'Egine à la Glyptothèque*

28 ▶

Blick von der Glyptothek auf den Königsplatz und die Propyläen
View of Königsplatz and the Propylaen from the Glyptothek
La Königsplatz et les Propylées vus de la Glyptothèque

29
Figuren über dem Eingang zum Herkulessaal der Residenz,
dahinter die Türme der Theatinerkirche
Figures above the entrance to the Herkulessaal of the Residence,
behind them the towers of the Theatinerkirche
Statues au-dessus de l'entrée de la salle d'Hercule à la Résidence;
derrière les tours de l'église des Théatins

30
Bronzestatue der Bavaria auf dem Brunnentempel im Hofgarten
Bronze statue of Bavarian on the Brunnentempel
in the Hofgarten
Statue en bronze de la Bavaria sur le temple
situé dans le Jardin de la Cour

31 ▶
Hofgarten mit Brunnentempel und Theatinerkirche
Hofgarten with Brunnentempel and Theatinerkirche
Le Jardin de la Cour avec le temple aux fontaines et
l'église des Théatins

33 ▶

32
Schreibtisch in den Reichen Zimmern der Residenz
Writing table in the Reiche Zimmer
(luxurious chambers) of the Residence
*Bureau-secrétaire dans les pièces d'apparat
de la Résidence*

*Das Antiquarium der Residenz,
Empfangshalle der Bayerischen Staatsregierung*
The Antiquarium of the Residence, reception hall
of the Bavarian State Government
*L'Antiquarium de la Résidence,
salle de réception du gouvernement bavarois*

◄◄ 34
*Griechisch-ägyptisches Jünglingsbild
(Antikensammlung)*
*Greco-egyptian picture of a youth
(Antikensammlung)*
*Statue d'adolescent, style gréco-égyptien
(Collection d'Antiquités)*

◄ 35
St.-Georgs-Statuette (Schatzkammer)
Statuette of St. George (Schatzkammer)
Statuette de Saint-Georges (Schatzkammer)

36
Antiker Goldkranz (Antikensammlung)
Antique gold wreath (Antikensammlung)
*Couronne d'or ancienne (Collection
d'Antiquités)*

37
Krummstab des St. Hubertus-Ordens (Schatzkammer)
Crook of the order of St. Hubertus (Schatzkammer)
Crosse de l'ordre de Saint-Hubert (Schatzkammer)

38
Heinrichskrone (Schatzkammer)
Heinrich's crown (Schatzkammer)
Couronne de sacre de Henri (Schatzkammer)

39

Die bayerische Königskrone und die Kroninsignien (Schatzkammer)
The bavarian royal crown and the crown insignia (Schatzkammer)
Couronne royale bavaroise et insignes royaux (Schatzkammer)

40/41   *Cuvilliés-Theater · Cuvilliés Theatre · Le Théâtre Cuvilliés*

42
Im Foyer des Nationaltheaters
In the foyer of the National Theatre
Le foyer du Théâtre National

43

Blick durch ein Schaufenster am Max-Joseph-Platz auf das Nationaltheater
A view of the National Theatre through a shop window on Max-Joseph-Platz
Vue du Théâtre National d'une vitrine Max-Joseph-Platz

44
»Rosenkavalier«-Szene im Nationaltheater
"Rosenkavalier" in the National Theatre
Une scène du « Chevalier à la Rose » au Théâtre National

Laserstrahlen auf der Opernbühne,
Experimentierschau im Nationaltheater
Laser beams on the operatic stage,
experimental demonstration in the National Theatre
Rayons-Laser sur la scène de l'Opéra;
spectacle expérimental au Théâtre National

49
Hofgartencafé
als Maler-Szene
Café in the
Hofgarten as
painter's motiv
Café au Jardin
de la Cour,
motif pour
peintre

50
Kinder bemalen
eine Hauswand
am Stadtmuseum
Children painting
a wall of the
city museum
Des enfants
peignent un mur
au Musée
de la ville

51
Touristin vor Kokoschka-Zeichnungen im Haus der Kunst
Tourist studying drawings of Kokoschka in the Haus der Kunst
Touristes admirant des dessins de Kokoschka au Haus der Kunst

52
Die »Vier Apostel« von Albrecht Dürer in der Alten Pinakothek
The "four apostles" of Dürer in the Alte Pinakothek
Les « Quatre Apôtres » de Albrecht Dürer à l'Ancienne Pinacothèque

56 ▶

Blick in den Garten des Lenbachhauses
View of the Lenbach garden
Vue dans les jardins de la Villa Lenbach

53
Lenbachhaus (Städtische Galerie)
Lenbachhaus (civic gallery)
La Villa Lenbach (Galerie de la ville)

54
Kandinsky-Saal im Lenbachhaus
The Kandinsky hall in the Lenbachhaus
Salle Kandinsky à la Villa Lenbach

55
Lenbach-Zimmer mit Bismarck-Porträt
Lenbach room with portrait of Bismarck
Chambre de Lenbach avec le portrait de Bismarck

53

54   55

7
»Bavaria«
der
resienwiese
»varia" on the
resien
adows
«Bavaria» à
Theresienwiese

58
Der Residenzbrunnen von Hubert Gerhard (um 1610)
The Residence-fountain from Hubert Gerhard (about 1610)
La fontaine de la cour intérieure de la Résidence, de Hubert Gerhard (1610)

◀ 59

Blumen für Karl Valentins Brunnenfigur am Viktualienmarkt
Flowers for the Karl Valentin figure
in the fountain at the Viktualienmarkt
Au Viktualienmarkt, des fleurs ornent la statue
de Karl Valentin à la fontaine du même nom

60

Der Liesl-Karlstadt-Brunnen im Vorfrühling
The Liesl Karlstadt fountain in early spring
La fontaine de Liesl Karlstadt

61

Junge Interessenten für eine dauerhafte Blume
The young looking for the permanent flowers
Jeunes gens regardant des immortelles

62 ▶

Obststände im Zentrum des Viktualienmarktes
Fruit-stands in the center of the Viktualienmarkt
Stands de fruits au centre du Viktualienmarkt

Einige von vielen Brunnen und Denkmälern
Among many fountains and monuments:
Parmi les monuments et les fontaines:

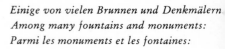

63

Der Friedensengel und sein Springbrunnen
The Angel of Peace and fountain
L'Ange de la Paix et sa fontaine

65

Der Faun und das Brunnenbuberl am Karlstor
Faun and boy-in-the-fountain at Karlstor
Le Faune et la fontaine au petit garçon au Karlstor

66

Der Neptunsbrunnen im Alten Botanischen Garten
Neptune's fountain in the Alter Botanischer Garten
La fontaine de Neptune dans l'Ancien Jardin Botanique

64

Brunnen im Stachuszentrum
The fountain in the Stachus-Center
Au cœur du Stachus, la fontaine
dans le passage souterrain

67
*Universitätsbrunnen
und Ludwigskirche*
*The university fountain
and the Ludwigskirche*
*ntaines devant l'Université;
l'église Saint-Louis*

68
*Der Wittelsbacher-Brunnen
am Lenbachplatz*
Wittelsbach fountain
*Fontaine Wittelsbach
au Lenbachplatz*

71

Detail aus der Amalienburg
im Nymphenburger Park
Detail from the Amalienburg
in the Nymphenburg gardens
Détails du pavillon Amalienburg
dans le parc de Nymphenburg

72

Durchblick von der Kanalbrücke
auf Schloß Nymphenburg
Looking through a canal bridge
at the Nymphenburg palace
Le château de Nymphenburg du pont
du canal

73 ▶

Die Schönheiten-Galerie König Ludwigs I
im Schloß Nymphenburg
The Beauties' Gallery of king Ludwig I
in the Nymphenburg palace
La galerie des Beautés du roi Louis Ie
au château de Nymphenburg

74
Blick vom Turm des Deutschen Museums auf die Isar
The Isar from the tower of the Deutsches Museum
L'Isar vue de la tour du Deutsches Museum

75 ▶
Schloß Schleißheim
Schleissheim palace
Le château de Schleissheim

76 ▶
Schloß Lustheim im Schleißheimer Park
Lustheim palace in the Schleissheim park
Le château de Lustheim dans le parc de Schleissheim

77 ▶▶
Porzellansammlung im Schloß Lustheim
Porcellan collection in Lustheim palace
Collection de porcelaine dans le château de Lustheim

78
*Elefanten-Freigehege
im Tierpark Hellabrunn*
*Elephant enclosure
at the Hellabrunn zoo*
*Parc des éléphants
au jardin zoologique
de Hellabrunn*

79
*Orang-Utan-Nachwuchs
in Hellabrunn*
*Second generation
orang utan
in Hellabrunn*
*Jeunes Orang-Outans
à Hellabrunn*

80
*Pferde-Dressur-Nummer
im Zirkus Krone*
*Tramed-horse act
in the Circus Krone*
*Numéro de dressage
de chevaux
au cirque Krone*

81
Schwabinger Restaurant im Frühlingsl
Schwabing restaurant in spring light
Restaurants à Schwabing au printemps

82
Künstlermarkt auf der Leopoldstraße
Artist's market on the Leopoldstrasse
Foire des artistes Leopoldstrasse

83
Schwabing beginnt am Siegeste
Schwabing begins at the Siegeste
(victory gat
Schwabing commen
à l'Arc de Triompl

Faschingsszenen
Fasching scenes
Le carnaval

85
»*Vorstadt-Hochzeit*«
"*Suburban wedding*"
« *Mariage en banlieue* »

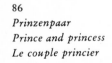

84
Ballett im Deutschen Theater
Ballett in the Deutsches Theater
Ballet au Deutsches Theater

86
Prinzenpaar
Prince and princess
Le couple princier

87
Auf dem Ball der
»*Damischen Ritter*«
Of the "Crazy
Knights' Ball"
Le bal des
« *Damischen Ritter* »

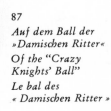

◀ 88
Jazz auf dem Königsplatz
Jazz on the Königsplatz
Concert de jazz au Königsplatz

89
Tänzerin auf
einem Narrhalla-Fest
Dancer at the narrhalla festivities
Danseuse à une fête du Narrhalla

90

Blasmusik im Salvator-Biergarten
Brass-band music
in the salvator beer gardens
Orchestre à cuivres
dans une brasserie en plein air

91

Kellnerin mit Starkbierkrügen
Waitress with mugs
full of strong beer
Serveuse avec les cruches
de bière forte

92
*Hochbetrieb
beim Starkbier-Ausschank
in der ersten
Frühlingssonne*

*Sunshine and
strong beer make
a good business*

*Bousculade à un débit
de bière forte
aux premiers jours
du printemps*

93
*Prominenz beim Salvator,
links der bayerische
Ministerpräsident
Alfons Goppel*

*Very important people
drink Salvator too,
on the left,
for instance,
is Alfons Goppel*

*Personnalités au Salvator,
à gauche M. Alfons Goppel,
Ministre-président
de Bavière*

94

95

96

97

98

9

94–99
Oktoberfest auf der Theresienwiese
Oktoberfest on the Theresien meadows
Fête d'octobre á la Theresienwiese

Kettenkarussell, Attraktion der Kinder seit Generationen
rousel–for generations a children's attraction
rousel, grande joie des enfants depuis des générations

100

»Auer Dult« findet alljährlich
Frühjahr und Herbst
d um die Mariahilf-
che statt
e "Auer Dult"
eld yearly in spring
d autumn around
Mariahilf-Kirche
'Auer Dult » (marché aux puces)
eu chaque année
printemps et en automne
our de l'église
riahilf

102/103

Alter Hausrat,
eine Fundgrube
für Sammler und Liebhaber

Flea market:
collector's treasure

Vieux ustensiles,
une mine d'or pour
les amateurs
et les collectionneurs

104
Messezentrum München: Glasarbeiten auf der Internationalen Handwerksmesse
Exhibition center Munich: glasswork at the International Craft Fair
Foire de Munich: verres à la foire internationale de l'Artisanat

105 ▶
Dior-Modenschau auf der Münchner Modewoche
Diors at the Munich Fashion Week
Présentation de la collection Dior à la Semaine de la Mode à Munich

107

Fußballstadt München: der FC Bayern (im rot-weißen Dreß)
gehört zu den führenden deutschen Mannschaften
Soccer city Munich: FC Bayern (in red and white) is a leading German team
Le stade de Munich: le club de football FC Bayern en tricot rouge et blanc,
compte parmi les équipes allemandes les plus importantes

◄ 106

Die Netz-Struktur für das Olympia-Zeltdach enthüllt
in dieser Bauphase ihr künstlerisch-ästhetisches Konzept
Aesthetics of the olympic roof network revealed
La structure des filins du toît olympique en forme de tente
se révèle dans cette phase de la construction
dans toute sa beauté artistique et esthétique

BILDERLÄUTERUNGEN

Titel: Blick durch das Turmgitter des Alten Peter auf die Frauenkirche und den Rathausturm.

Rückentitel: Die olympische Flamme vor dem Olympia-Fernsehturm.

1. Der Marienplatz mit der 1638 errichteten Mariensäule ist der Mittelpunkt der Stadt. Der neugotische Rathausturm beherbergt bunte Glockenspiel-Figuren, die täglich um elf Uhr ihren Tanz aufführen. Links die Frauenkirche, ganz rechts die Theatinerkirche. Der Marienplatz wurde kürzlich zur Fußgängerzone umgestaltet, unter ihm kreuzen sich U- und S-Bahn.

2. München, das Tor zu der 100 Kilometer südlich beginnenden Alpenkette, breitet sich im flachen Schwemmland der Isar. Seine höchsten Erhebungen sind die nach dem Zweiten Weltkrieg aufgehäuften Schutthügel im Norden, von denen man an klaren Tagen die Stadt und die Bergkette überblicken kann. Mit mehr als 1,3 Millionen Bewohnern und über 400 000 Autos ist München eine der verkehrsreichsten Städte Europas.

3. Die Türme der Frauenkirche gelten seit fast fünf Jahrhunderten als die Wahrzeichen der Stadt. Der Bau der Kirche begann 1468, sie wurde 1494 geweiht, erhielt aber erst 1525 ihre charakteristischen Turmkuppeln. Die Türme sind 99 m hoch. Ein Aufzug im Südturm erleichtert den eindrucksvollen Rundblick aus der Turmstube.

4. Der von 1965 bis 1968 erbaute Fernsehturm ist 290 Meter hoch. Der untere der beiden Körbe enthält die Sendeanlagen der Post, der obere ein Drehrestaurant und Aussichtsplattformen in einer Höhe von 174,15 bis

Olympia-Sport- und Schwimmhalle
Olympic sport hall and swimming stadium
Le hall d'athlétisme et la piscine olympique

192,60 Metern. An seinem Fuß wurden von 1966 bis 1972 die olympischen Sportstätten geplant und gebaut, die ihm den Namen Olympia-Turm gegeben haben.

5. Das Hofbräuhaus am Platzl im Herzen der Altstadt ist Münchens bekanntester Bierausschank und zählt pro Jahr über vier Millionen Gäste. Es wurde im Jahr 1589 gegründet. 1882 wurde die Brauerei auf das Ostufer der Isar verlegt und 1896/97 das jetzige Hofbräuhaus als Ausschank und Gaststätte ausgebaut. Neben der berühmten Schwemme sind der Festsaal und im Sommer der Garten sehenswert.

6. Als architektonisches Symbol der Forschung und des Fortschritts gilt seit 1957 das »Atom-Ei« am nördlichen Stadtrand bei Garching. Seine blanke Aluminiumhaut über einer Betonkuppel umhüllt den ersten in Deutschland aufgestellten, aus den USA herbeigeschafften Atom-Reaktor. Er gehört zu den Forschungsanlagen der Technischen Hochschule und ist der Mittelpunkt eines ständig wachsenden Forschungszentrums.

7. Die Stadtränder wachsen in die Höhe. Die in den letzten Jahren emporgeschossenen Hochhäuser des Arabella-Komplexes sind ein Beispiel für die neuen Jahresringe um die alte Stadt. Ihr Zuwachs an Menschen wirft für Wohnungsbau und Verkehrssituation große Probleme auf.

8. Das älteste Bauwerk der Stadt umschließt den Alten Hof der früheren Ludwigsburg, die 1253 von Herzog Ludwig dem Strengen als erste Veste und Residenz der bayerischen Herzöge in München begründet wurde. Die Zerstörungen des Zweiten Weltkrieges verschonten den Südflügel mit dem gotischen Erker. Die einstige Herzogsburg ist wiederhergestellt und nun Sitz von Finanzbehörden.

9. Zu den neueren Treffpunkten Schwabings gehört die Citta 2000 an der Leopoldstraße mit ihren Bars und Boutiquen, die vor allem die jüngere Generation anlocken. »Vieles für viele« ist die Devise dieser Schwabinger Variante des Drugstore-Modells und seines vielfältigen Angebots vom Espresso bis zur Flugreise.

10. Zu den grünen Lungen der Großstadt gehören die Isaranlagen. Inmitten der Stadt bieten sie als Oase der Erholung Raum für ein Atemholen abseits von den Kollektiven des Massenverkehrs und Massenvergnügens.

11. Ein Symbol der Kunst und Literatur ist das Pegasus-Mosaik am Bühnenhaus-Giebel des Nationaltheaters, das zum Gesamtkomplex der Residenz zwischen Maximilianstraße und Hofgarten gehört. Unter seinem Dach sind viele kulturelle Einrichtungen vereinigt: National-, Residenz- und Cuvilliés-Theater, Herkulessaal, Antiquarium, Schatzkammer, Residenzmuseum, Münzkabinett, dazu auch noch die Akademie der Wissenschaften, das Präsidium der Max-Planck-Gesellschaft und die Münchner Philharmoniker mit ihrem Probesaal. Vor dem Nationaltheater steht das Denkmal des Königs Max I. Joseph, der es erbauen ließ und der auch 1810 das Oktoberfest ins Leben rief.

12. Kultur und Lebensfreude gehören zusammen. Künstler und Literaten haben den speziellen Münchner Fasching zu einer eigenen Jahreszeit des Festefeierns werden lassen. Hunderte von Bällen füllen das Programm der Faschingshochburgen. Der Tanz durch den Fasching ist ein Stück jener speziellen Münchner Lebensart, in der die Freude am Dasein noch immer das Wichtigste ist.

13. Die Patrona Bavariae auf der Mariensäule ist die Schutzpatronin der Isar-Metropole. Sie wurde von Hubert Gerhard geschaffen und 1638 nach schweren Jahren des Krieges, des Hungers und der Pest errichtet. – Die Figuren des Glockenspiels im Rathausturm (1908/09 eingebaut) zeigen täglich um elf Uhr ein Ritterturnier und den Schäfflertanz.

14. Bis vor kurzem war der Marienplatz das Verkehrskreuz der City mit Autoströmen und Straßenbahnen. Nun kreuzen sich unter ihm die U- und die S-Bahn, während der Platz selbst in eine Oase des Flanierens und der Ruhe verwandelt wurde.

15. Gehen, sehen, verweilen (und kaufen) – das kann man jetzt kreuz und quer auf dem breiten, neuen Pflaster der Kaufinger- und Neuhauser Straße zwischen Stachus und Marienplatz. Eine Aorta des Verkehrs ist zur Fußgängerzone geworden. Nur mit den neuen Lampen (»Wärmflaschen«) sind viele Münchner nicht recht einverstanden.

16. Ostermesse in der Peterskirche, der ältesten Pfarrkirche der Stadt. Sie wurde 1181 bis 1190 als romanische Basilika errichtet, später mehrmals verändert und zerstört. Die Innenausstattung, der Hochaltar von Nikolaus Stuber (1730) mit seinem gotischen Petrus

(1517) und Figuren von Egid Quirin Asam und Erasmus Grasser, konnte gerettet werden. Eine Bürgerinitiative ermöglichte den Wiederaufbau von 1949 bis 1954. Der Turm aus dem frühen 17. Jahrhundert (300 Stufen) bietet eindrucksvolle Perspektiven auf die Altstadt und Umgebung.

17. Auch in der Kirche macht sich die kritische Jugend bemerkbar. In der Fronleichnamsprozession (1971) tragen junge Menschen ein Transparent mit der Aufschrift: »Die Kirche ist uns zu wichtig, um sie der Hierarchie zu überlassen.«

18. Eine Demonstration des katholischen Glaubens ist alljährlich die große Fronleichnamsprozession durch die Innenstadt von der Frauenkirche zu den Altären am Marienplatz, dem Siegestor und an der Feldherrnhalle. Zahlreiche Gläubige und viele Mitglieder der Regierung und des öffentlichen Lebens geleiten das von Kardinal Döpfner getragene Allerheiligste.

19. Ein Repräsentant der Lehre und Forschung in München ist Prof. Dr. Werner Heisenberg (geb. 1901, Nobelpreis für Physik 1932). Er gehört zu den Physikern, die die theoretischen Grundlagen für die Quanten- und Atomphysik gelegt haben. Nach dem Zweiten Weltkrieg baute er zunächst in Göttingen und dann in München das Max-Planck-Institut für Physik und Astrophysik zu einer der führenden Forschungsstätten aus.

20. Die künstliche Herstellung der Sonnenenergie durch Atomfusion ist das weitgesteckte Ziel der Plasma-Physik, deren deutsches Zentrum, das Münchner Max-Planck-Institut für Plasma-Physik, interessante Erfolge aufweisen kann. In diesem neuen Stellarator Isar T I, dem größten seiner Art, kann mit Hilfe starker Stromstöße und Magnetfelder der Materiezustand der Sterne (Plasma) hergestellt und erforscht werden.

21. Als teuer und lehrreich, aber bisher noch wenig erfolgreich erwies sich das jahrelang laufende Experiment der Europa-Rakete. Ihre drei Stufen wurden von England, Frankreich und Deutschland gebaut, doch gab es bisher nur Fehlstarts. Die Entwicklung und der Bau der dritten Stufe im Münchner raumfahrttechnischen Zentrum der Unternehmensgruppe Messerschmitt-Bölkow-Blohm sollte auch für die deutschen Konstrukteure und Ingenieure den Anschluß an die Technologie des Raketenzeitalters herstellen.

22. Die »Eisenbahn von morgen« fährt schon heute auf Münchner Teststrecken. Die Magnetschwebetechnik wurde hier in zwei getrennten Entwicklungsreihen in relativ kurzer Zeit bis zum Start von Versuchsfahrzeugen vorangebracht. Entwicklungsziel ist ein neuer wirtschaftlicher Schienenverkehr mit 500 km/h über den vorhandenen Eisenbahnlinien. Auf der 660 m langen, geraden Strecke von Messerschmitt-Bölkow-Blohm konnte das erste Testfahrzeug bis zu 90 km/h entwickeln. Beide Fahrzeuge sind für größere Geschwindigkeiten auf längeren Teststrecken geeignet und die ersten ihrer Art auf der Welt. Experten aus vielen Ländern interessieren sich dafür.

23. Das Versuchsfahrzeug »Transrapid« von Krauss-Maffei erreichte bisher 150 km/h auf seiner ersten, 1200 m langen Teststrecke mit Kurve.

24. Ein Beispiel moderner Architektur in Form und Technik ist das neue Verwaltungsgebäude der Bayerischen Motoren-Werke am Oberwiesenfeld in der Nachbarschaft der olympischen Sportstätten. Die runden Etagen des »Vierzylinders« wurden um einen Kern herum am Boden montiert und dann emporgehoben (Architekt Prof. Karl Schwanzer, Wien).

25. Die Geschichte der Technik von ihren Anfängen in geschichtsloser Vorzeit bis in die Gegenwart ist das große Thema des Deutschen Museums auf der Isar-Insel. Eine naturgetreue Nachbildung der Felsdecke der spanischen Altamira-Höhle mit ihren prähistorischen Malereien informiert über die ersten Farben in Menschenhand und ihre künstlerische Anwendung.

26. Luftfahrzeuge vom Lilienthal-Gleiter bis zum Jet der Gegenwart demonstrieren die schnelle Entwicklung der Flugtechnik in einem Menschenalter. Zu den Maschinen in dieser Halle der Luftfahrt des Deutschen Museums gehören eine Rumpler-Taube (oben) aus dem Jahr 1913 und der Blériot-Eindecker des ersten Kanalüberflugs 1909, eine Kampfmaschine des Ersten Weltkriegs (links), eine Junkers Ju 52 (1939) im Hintergrund, davor stehend der im Zweiten Weltkrieg entwickelte deutsche Düsenjäger Me 262 und ein Fieseler-»Storch« (oben rechts); im Vordergrund hängt ein Modell des berühmten deutschen Großflugbootes DO X der dreißiger Jahre.

27. Die antiken Skulpturen des Tempelfrieses von Aegina (490 v. Chr.) gehören zu den berühmtesten Werken griechischer Bildhauerei in der 1972 wieder eröffneten Glyptothek am Königsplatz. Damit ist eine der interessantesten Sammlungen griechischer Kunst nach der Kriegszerstörung und dem Wiederaufbau dieses Museums der Öffentlichkeit zugänglich gemacht worden.

28. Blick aus dem Portikus der Glyptothek auf den Königsplatz und die Propyläen. König Ludwig I. hatte die Bauwerke um diesen Platz in Auftrag gegeben. Leo von Klenze erbaute von 1816 bis 1830 die Glyptothek im ionischen Stil, Georg Friedrich Ziebland von 1838 bis 1848 die Neue Staatsgalerie (jetzt Antikensammlung) mit korinthischen Säulen und wiederum Klenze – schon nach der Abdankung des Königs – die Propyläen von 1854 bis 1862 im vorwiegend dorischen Stil. Die Steinplatten, die dem Platz eine gewisse Kahlheit und Kälte geben, stammen aus den dreißiger Jahren dieses Jahrhunderts.

29. Hinter dem Portikus der Residenz am Hofgarten befand sich einst der Thronsaal des Königreiches Bayern; der Erste Weltkrieg zerstörte das Königreich, der Zweite auch den Saal. Seit dem Wiederaufbau dient er als repräsentativer Konzertraum, der nach den darin aufgehängten Gobelins Herkulessaal genannt wird. Die Skulpturen über dem Eingang, die das Volk darstellen, bekrönen jetzt nicht mehr den Weg zum König, sondern zur Musik; im Hintergrund die Kuppeln der Theatinerkirche.

30. Auf dem Brunnentempel im Hofgarten (1615) steht diese Bronzestatue der Bavaria von Hubert Gerhard (um 1594) als Kopie des im Residenzmuseum befindlichen Originals, das von 1615 bis 1943 auf diesem Dach stand. Als Jägerin mit Reichsapfel und Erntekranz wird sie oft als Diana mißdeutet, stellt jedoch eine Allegorie des Landes auf der Schwelle von der Renaissance zum Barock dar.

31. Der Hofgarten ist eine Anlage des frühen 17. Jahrhunderts, als Herzog Maximilian die Krautäcker vor seiner Residenz in einen italienischen Garten verwandeln ließ. Der Brunnentempel stammt aus dieser Zeit. Die Theatinerkirche wurde von 1663 bis 1690 als große Demonstration des italienischen Barock von den Baumeistern Barelli und Zuccali erbaut. Die dem heiligen Cajetan geweihte Kirche war der Dank des Kurfürsten Ferdinand Maria für die Geburt des Thronfolgers im Jahr 1662.

32. Die »Reichen Zimmer« der Residenz wurden nach dem Brand vom 14. Dezember 1739, der einen Teil der Residenz und wertvolle Kunstwerke heimsuchte, von François Cuvilliés im Rokokostil seiner Zeit ausgestaltet. Für hohe Staatsgäste wie Staatspräsident Charles de Gaulle und Königin Elisabeth II. von England wurden die »Reichen Zimmer« als Ruhequartier hergerichtet. Sonst sind sie als Residenzmuseum zugänglich; das Bild zeigt einen Ausschnitt aus dem Konferenzzimmer mit Spiegelwand und Schreibtisch.

33. Das Antiquarium der Residenz gilt als der größte profane Renaissance-Saalbau nördlich der Alpen. Herzog Albrecht V. ließ das 69 Meter lange Tonnengewölbe von 1569 bis 1571 zur Aufnahme seiner aus Italien beschafften Antikensammlung erbauen. Von 1588 bis 1596 bemalte Hans Thonauer die Wände und Nischen mit über hundert Ansichten bayerischer Städte und Burgen. Die nach Bombenschäden des Zweiten Weltkriegs restaurierte Festhalle dient der Bayerischen Staatsregierung für ihre offiziellen Empfänge. Kostbarkeiten der Schatzkammer und Antikensammlung:

34. Lebensnahes Porträt eines jungen Mannes, griechisch-ägyptische Wachsmalerei auf Holz (3. Jh. n. Chr.) als Mumien-Beigabe (Antikensammlung).

35. Die Statuette des Ritters St. Georg ist eine Münchner Goldschmiedearbeit aus den Jahren zwischen 1586 und 1597. Sie ist mit Diamanten, Rubinen, Perlen und anderen Edelsteinen reich besetzt und gehört zu den Attraktionen der Schatzkammer. Die 50 cm hohe Statuette war ursprünglich zur Aufnahme einer St.-Georgs-Reliquie bestimmt, die Erzbischof Ernst von Köln seinem Bruder Herzog Wilhelm V. im Jahr 1586 nach München geschickt hatte.

36. König Ludwig I. hat aus dem Besitz der Caroline Murat, die zu Napoleons Zeiten Königin von Neapel war, mit anderen Schmuckstücken auch diesen griechisch-unteritalienischen Goldkranz aus dem 4. Jh. v. Chr. erworben. Die zierliche Goldschmiedearbeit ist ein Totenkranz (Antikensammlung).

37. Für den Prior des St. Hubertus-Ritterordens wurde um 1720 bis 1730 in Augsburg dieser Krummstab gearbeitet, dessen Silberrelief die Hubertus-Hirsch-Szene zeigt. Die Hubertus-Ritter bildeten den 1444 gegründeten und 1708 sowie 1808 erneuerten Hausorden der kurpfälzischen Wittelsbacher, deren Land 1777 mit Bayern vereinigt wurde (Schatzkammer).

38. Aus dem Bamberger Domschatz kam 1803 mit der Säkularisation die sogenannte Heinrichskrone in die Münchner Schatzkammer. Sie stammt aus der Zeit um 1280 und schmückte im Bamberger Dom eine Reliquie des Staufenkaisers Heinrich II.

39. Nach der Proklamation Bayerns zum Königreich am 1. Januar 1806 ließ König Max I. Joseph seine Krone und die Insignien in der Pariser Werkstatt Biennais anfertigen. Doch ist er damit nie durch einen kirchlichen Würdenträger gekrönt worden. Die Kronen für den König und die Königin, Reichsapfel, Zepter und Schwert kamen in die Schatzkammer, wo sie jetzt die Hauptattraktion bilden.

40. Von 1751 bis 1753 erbaute François Cuvilliés d. Ä. für den Kurfürsten Max III. Joseph ein intimes Opernhaus im Rokoko-Stil. Dieses Theater stand an der Stelle des jetzigen Residenz-Theaters und wurde im Zweiten Weltkrieg zerstört. Wesentliche Teile seiner Innenausstattung konnten geborgen und in das um- und ausgebaute Theater am Brunnenhof übertragen werden. Zur Münchner 800-Jahrfeier 1958 wurde das Cuvilliés-Theater mit seiner alten Pracht, doch mit moderner Bühnentechnik wiedereröffnet. Unter der Mittelloge hat diese Figur eine »tragende Rolle«.

41. Blick von der Bühne in den Zuschauerraum des Cuvilliés-Theaters mit seiner restaurierten Rokoko-Ausstattung in Rot, Weiß und Gold, deren Atmosphäre auch moderne Menschen zu bezaubern vermag.

42. Zweimal brannte das Nationaltheater bis auf die Grundmauern aus. Karl von Fischer hatte es von 1812 bis 1818 erbaut, 1823 wurde es durch eine Feuersbrunst zerstört. Dank eines Bierpfennigs der Münchner konnte es von Klenze binnen zwei Jahren wiederhergestellt werden. Auch nach der Zerstörung im Zweiten Weltkrieg brachte Bürgerinitiative einen ansehnlichen Teil der Bausumme von 63 Millionen Mark auf. Am 21. November 1963 wurde das Theater wiedereröffnet.

43. Blick durch ein Schaufenster am Max-Josephs-Platz auf das Nationaltheater, rechts das Denkmal seines königlichen Bauherrn Max I. Joseph.

44. »Rosenkavalier« 1972 im Nationaltheater, die Marschallin (Gwyneth Jones) hält hof (Dirigent: Carlos Kleiber, Inszenierung: Otto Schenk, Bühnenbild und Kostüme: Jürgen Rose).

45. Die Lichteffekte einer »Laser«-Schau im National-Theater gehören zu den interessantesten Eindrücken moderner Bühnentechnik.

46. Blick von der Anhöhe des Maximilianeums auf die abendliche Maximilianstraße mit dem Denkmal des Königs Maximilian II.

47. Das Maximilianeum ist Münchens bedeutendstes Baudenkmal der nachklassizistischen Epoche um 1860. König Maximilian II. ließ es als krönenden Abschluß der von ihm konzipierten Maximilianstraße von Bürklein und Semper erbauen. Es wurde Sitz einer königlichen Stiftung für begabte Schüler; heute tagen hier der Bayerische Landtag und Senat. Auf der Brücke davor steht eine Pallas-Athene-Statue.

48. München auf einen Blick: Die bekannte Perspektive vom Hochhaus des deutschen Patentamtes auf die Türme des Stadtkerns: Alter Peter, Frauenkirche, Rathaus und Heiliggeist-Kirche. Bisher ist es gelungen, diesen Stadtkern von überwuchernden Hochhäusern freizuhalten.

49. Das Hofgarten-Café als Malermotiv. Als Pläne bekannt wurden, das Café aufzugeben, protestierte ganz München. So wurde in jenen Tagen diese Szene zu einer stillen Demonstration.

50. Kinder dürfen eine Hauswand bemalen. Sie steht am Eingang zum Stadtmuseum am Jakobsplatz und soll so bleiben, wie die verschiedenen Jahrgänge des Musischen Zentrums sie nach einigem Üben ausgestaltet haben.

51. Im »Haus der Kunst« haben die Bilder aus der Neuen Pinakothek, die noch nicht wiederaufgebaut ist, eine vorläufige Heimstatt gefunden. Außerdem werden hier die Jahresausstellungen der Münchner Künstlergruppen sowie große Sonderschauen veranstaltet. Unser Foto zeigt zwei Porträtzeichnungen von Oskar Kokoschka.

52. Die »Vier Apostel« von Albrecht Dürer gehören zu den berühmtesten Bildern der Alten Pinakothek, die zu Europas großen Galerien zählt. Der Zweite Weltkrieg hatte auch diesen Klenze-Bau (1826 bis 1836) zerstört. Doch waren seine Kunstschätze ausgelagert worden und kehrten 1957 in das wiederauf-

gebaute Haus zurück. Sein Äußeres zeigt noch immer die Spuren der Zerstörung und des Wiederaufbaues.

53. Das von Gabriel von Seidl 1885 bis 1889 für den Maler Franz von Lenbach als italienischer Palazzo erbaute Haus an den Propyläen dient jetzt als Städtische Galerie. Neben den Werken Lenbachs sind hier bekannte Maler des frühen 20. Jahrhunderts ausgestellt, vor allem die Gruppe »Der Blaue Reiter« mit Macke, Marc, Klee und Kandinsky.

54. Als Stiftung seiner Gefährtin Gabriele Münter hat die Lenbach-Galerie zahlreiche Hauptwerke Kandinskys aus der Periode seines Übergangs von der gegenständlichen in die phantastische und abstrakte Darstellung (1903 bis 1914) erhalten. Sie sind jetzt zu einer Sonderschau von internationaler Bedeutung zusammengefaßt.

55. Blick in die Lenbach-Zimmer der Städtischen Galerie, im Hintergrund ein Bismarck-Porträt des Malers.

56. Blick durch das Balkongitter der Lenbach-Zimmer auf den Garten der Villa mit seinen italienischen Brunnen.

57. Die Bavaria auf der Theresienwiese war zur Zeit ihrer Herstellung (1844–1850) ein sensationelles Werk der Erzgießerei. Ludwig von Schwanthaler hat die Statue modelliert, Franz von Miller hat sie in Eisen gegossen. Von Kopf bis Fuß mißt sie 19 m, 126 Stufen führen in ihrem Inneren bis zu Gucklöchern in Stirn und Locken. Umgeben von der Ruhmeshalle Leo von Klenzes (1843–1853) beherrscht sie die Theresienwiese. Mit ihrem Löwen »bei Fuß« gehört sie noch immer zu Europas bekanntesten Monumenten.

58. Der älteste Brunnen Münchens und einer der schönsten Barock-Brunnen nördlich der Alpen ist der Bronze-Brunnen in der Residenz, auch Wittelsbacher oder Otto-Brunnen genannt. Allegorien der bayerischen Flüsse sowie der Elemente in Gestalt griechischer Götterfiguren umringen das Standbild eines Herrschers, das den ersten Bayernherzog Otto von Wittelsbach darstellen soll. Hubert Gerhard hat diesen Brunnen etwa um 1610 geschaffen; im Hintergrund der Uhrenturm der Residenz.

59. Karl Valentins Brunnenfigur am Viktualienmarkt wird immer wieder mit Blumen geschmückt. So sehr haben die Münchner die skurrile, unvergessene Figur des 1948 verstorbenen Volksschauspielers und Skepti-

kers mit seinem zur Literatur reifenden Humor ins Herz geschlossen.

60. Auch Liesl Karlstadt, Valentins langjährige Partnerin, erhielt nach ihrem Tod 1960 einen Brunnen auf dem Viktualienmarkt, dort wo im Vorfrühling die Palmkätzchenstände sind.

61. Romantik von heute auf dem Viktualienmarkt: eine dauerhafte Distelblume hat ein junges Interessenten-Paar gefunden.

62. Allen Verkehrsplanungen widerstand bis heute die beinahe noch dörfliche Szenerie des Viktualienmarktes. Hier werden – allen Supermärkten und Warenhäusern zum Trotz – Obst und Gemüse, Blumen, Eier, Käse und Honig an den Ständen zwischen den hölzernen Marktbuden feilgehalten. Durch die Sonnen- wie Regenschirme der Marktfrauen lugt der Turm der benachbarten Heiliggeist-Kirche herunter.

63. Die großen und kleinen Brunnen im Münchner Stadtbild setzen ihrer Umgebung unverwechselbare Akzente auf und beleben sie mit ihrem Wasserspiel. Die Münchner haben sich derartig daran gewöhnt, daß sie kaum mehr bemerken, wie sehr sie in einer Stadt der Brunnen leben, in der es allerorten quellt und sprudelt. Hier einige Beispiele:
Diese Perspektive des Friedensengels hinter dem Springbrunnen zu seinen Füßen erweckt den Eindruck, als würde er auf einer launischen Wassersäule stehen. Die Anlage wurde 1899 von Heinrich Düll zur Erinnerung an den Frieden von 1871 errichtet und bildet den östlichen Abschluß der Prinzregentenstraße.

64. Auch die unterirdische Stadt hat ihren Brunnen im 1970 fertiggestellten Stachus-Zentrum.

65. Der Faun mit dem Brunnenbuberl wechselte unlängst seinen Standplatz vom Stachus durch das Karlstor hindurch an eine Hausecke, wo die beiden ihr schelmisches Wasserspiel nun weitertreiben. Im Jahr 1895 war die nackte Knabenfigur von Gasteiger bei der Aufstellung des Brunnens heftig umstritten.

66. Der Neptunsbrunnen im Alten Botanischen Garten ist ein Werk von Josef Wackerle (1937).

67. Auf dem Platz vor der Universität flankieren seit 1844 die Schalenbrunnen von Friedrich von Gärtner die Ludwigstraße, im Hintergrund die Ludwigskirche des gleichen Erbauers (1829–43).

68. Der Wittelsbacher Brunnen am Lenbachplatz von Adolf von Hildebrand (1895) ist mit seinen rauschenden Wassermassen eine der größten Brunnenanlagen der Isarmetropole.

69. Ein Familienausflug in den Englischen Garten kann zu einer längeren Wanderung werden, denn der Park zieht sich von der Innenstadt kilometerweit in den Isarauen nach Norden. Er wurde nach 1789 nach einer Stiftung des Kurfürsten Karl Theodor von Ludwig von Sckell als Naturpark entworfen und angepflanzt und umfaßt 237 Hektar.

70. Zu den schönsten Münchner Biergärten gehört der schattige Kastaniengarten am Chinesischen Turm, einem beliebten Spaziergangsziel im Englischen Garten.

71. Ausschnitt aus der Deckenstukkatur in der Amalienburg, die 1734–39 von François Cuvilliés als Jagdschlößchen im Nymphenburger Park erbaut worden ist. Sie gilt als Kleinod des Rokoko in höchster Vollendung.

72. Blick durch die Brüstung der Nymphenburger Kanalbrücke auf den Mittelbau des Schlosses Nymphenburg (begonnen 1664 von Barelli, vollendet 1705–1739 von Effner und Cuvilliés). Das Schloß und sein Park vermitteln dem Besucher abseits von der Hektik der Großstadt das Lebensgefühl einer anderen Zeit.

73. Die Schönheiten-Galerie im Schloß Nymphenburg ist eine Hinterlassenschaft des Königs Ludwig I. Den Schönen seiner Zeit zugetan, beauftragte er den Hofmaler Stieler, eine Auswahl der Schönsten zu porträtieren. Von der Handwerkertochter bis zur Prinzessin, darunter auch des Königs umstrittene Favoritin Lola Montez, umfaßt diese Galerie 38 Porträts als Spiegelbild des Idealtyps, aber auch der Mode und Gesellschaft jener Zeit.

74. Die schnellfließende grüne Isar zeigt auch zwischen ihren Ufermauern in München das Temperament eines Gebirgsflusses. Für viele Jahrhunderte blieb der Fluß die natürliche Begrenzung der Stadt nach Osten. Mit seinem breiten Hochwasserbett und seinen Parkanlagen bildet er noch heute eine eigene Landschaft.

75. Schloß Schleißheim, 14 km nördlich des Stadtzentrums gelegen, ist ein zeitgenössischer Rahmen für die Barockgalerie der Bayerischen Staatsgemäldesammlung mit niederländischen und italienischen Meistern des 17. und 18. Jahrhunderts. Zu dem von 1701 bis

1727 von Zuccali begonnenen und von Effner vollendeten Schloß gehört ein Park im französischen Stil.

76. Das Gartenschloß Lustheim im Schleißheimer Park, 1684–1689 von Zuccali erbaut, 1970/71 renoviert, beherbergt nun eine sehenswerte Sammlung alten Porzellans.

77. In der Meißener Porzellansammlung (Stiftung Ernst Schneider) des Schlosses Lustheim gehören diese beiden Elefanten-Leuchter des sächsischen Hofbildhauers Johann Gottlieb Kaendler aus dem Jahr 1735 zu den interessantesten Stücken.

78. Der Tierpark Hellabrunn in den Isarauen bei Thalkirchen wurde 1911 von Emanuel Seidl angelegt und nach seiner Stilllegung während des Ersten Weltkrieges 1928/1929 von Heinz Heck wiedereingerichtet. Mit seinen großzügig angelegten Freigehegen gewährt er vielen der insgesamt 3500 Tierarten ein Höchstmaß an Bewegungsfreiheit. In der Nachbarschaft der Elefanten bringen freisitzende Papageien einen Hauch von Urwald in die Isarauen.

79. Die Menschenaffen-Station von Hellabrunn hat interessante Zuchterfolge erzielt. Zu den Publikumslieblingen gehören die mit viel Mühe aufgezogenen Orang-Utan-Zwillinge Hella und Bruni nebst ihren Spielgefährten aus der Schimpansen-Familie.

80. Zu den letzten großen Zirkusunternehmen gehört der in München beheimatete Circus Krone, der alljährlich für drei Monate in sein Münchner Winterquartier einzieht. Hier zeigt Christl Sembach-Krone eine große Pferdedressur.

81. Ein Sonnentag in einem Gartenlokal an der Leopoldstraße in Schwabing.

82. Der Flanier-Boulevard der Leopoldstraße wird, wenn das Wetter es erlaubt, allabendlich zum Künstlermarkt.

83. Schwabing beginnt am Siegestor, jenseits die strenge Architektur des Universitätsplatzes und der Ludwigstraße, diesseits das Flanier-, Diskutier- und Diskothek-Viertel des Boulevard Leopold und seiner Nebenstraßen. Das Tor wurde 1850 nach dem Vorbild des Konstantin-Triumphbogens in Rom zur Erinnerung an die Befreiungskriege von 1813 bis 1815 errichtet.

Faschingsszenen:

84. Das Ballett des Theaters am Gärtnerplatz tanzt auf dem »Opernball« im Deutschen Theater.

85. Eine fröhliche Faschingsnacht ist die alljährliche »Vorstadt-Hochzeit« mit ihren stilecht kostümierten Gästen.

86. Das Faschingsprinzenpaar der Narrhalla seine Tollität und ihre Lieblichkeit, hat mit seinem Gefolge zahlreiche Auftritte in den Hochburgen des Faschings zu absolvieren.

87. Die »Damischen Ritter« mit ihren phantasiereichen, herzhaft komischen Kostümen veranstalten in ihrer Hochburg Löwenbräukeller seit Jahr und Tag ein Fest, wie man es nur in München erleben kann.

88. Am Faschingssonntag gehören die Straßen und Plätze der Innenstadt dem Fasching. Hier spielt eine Beat-Band auf dem Königsplatz vor einem großen Kreis junger Hörer.

89. Heißester Fasching auf dem »Carnaval in Rio« mit einer temperamentvollen Tänzerin im Mini-Kostüm.

90. Zu den Münchner Jahreszeiten gehört die Starkbierzeit in den Vorfrühlingswochen zwischen Fasching und Ostern. Dabei darf die Blasmusik nicht fehlen, die jedem bayerischen Bierfest erst die richtige akustische Würze gibt.

91. Mühelos schleppt diese Kellnerin im Salvator-Keller ein Dutzend oder mehr Maßkrüge.

92. Auch die Jüngsten wollen beim großen Volksfest im Salvator-Keller nur aus dem Maßkrug trinken – auch wenn es dank elterlicher Vorsorge Limonade ist.

93. Treffpunkt der politischen Prominenz aller Parteien ist alljährlich die Salvator-Probe. Mit dem süffigen Bier müssen die hohen Gäste, an ihrer Spitze der Landesvater, Ministerpräsident Alfons Goppel (links), dann auch allerlei in Humor verpackte Kritik hinunterschlucken.

94. Das Oktoberfest entstand im Jahr 1810, als das vom Königshaus zur Hochzeit des Kronprinzen Ludwig mit der Prinzessin Therese von Hildburghausen veranstaltete große Volksfest den Münchnern so gut gefiel, daß sie es alle Jahre wieder feiern wollten. Der Festplatz heißt bis zum heutigen Tag Theresienwiese. Seinen Namen hat das Fest nicht von seinem Beginn, sondern von seinem Abschluß jeweils am ersten Sonntag im Oktober. In den großen Bierzelten werden jährlich an die vier Millionen Maß Bier, Hunderttausende von Brathendln und sonstige Schmankerl in entsprechenden Quantitäten verzehrt.

95. Der Trachten- und Schützenzug durch die ganze Stadt zur Theresienwiese am ersten Sonntag des Oktoberfestes ist ein farbenprächtiges Ereignis. Hier marschieren die Münchner Schäffler im Festzug über den Odeonsplatz.

96. Für die Jüngsten im Festzug ist der lange und keineswegs gerade Weg von der Isar zur Theresienwiese eine besondere Leistung und Strapaze.

97. Neben dem Oktoberfest findet oft auch das Bayerische Landwirtschaftsfest auf der südlichen Hälfte der Theresienwiese statt. Neben der Landmaschinen-Messe und der Viehschau gehören ein Reit- und Fahrturnier zum Programm. Nach einem vergnüglichen Ochsenrennen reitet der Sieger mit großem Ehrenkranz vom Festplatz.

98. Zu den Traditionen des Oktoberfestes gehört das Anzapfen durch den Oberbürgermeister bei der Eröffnung. Oberbürgermeister Hans-Jochen Vogel versah von 1960 bis 1972 dieses Amt.

99. Blick vom großen Riesenrad auf das Oktoberfest. Hunderttausende von Besuchern aus nah und fern haben die jetzige Olympiastadt zu einem der großen Festplätze der Welt gemacht.

100. Die Auer Dult rund um die Mariahilfkirche wird alljährlich im Frühjahr, Sommer und Herbst für eine Woche zum beliebten Treffpunkt. Sie ist ein Jahrmarkt mit jahrhundertealter Tradition und hat sich speziell zum Tandlmarkt, einer münchnerischen Variante des Pariser Flohmarkts, entwickelt. Sein Angebot reicht von altem Hausrat bis zu Antiquitäten mit Liebhaberpreisen. Daneben finden große Stände mit Geschirr und Keramik viele Interessenten.

101. Das alte Kettenkarussell auf der Auer Dult hat schon Generationen kleiner und großer Münchner vergnüglich durch die Bratwurst- und Mandeldüfte der benachbarten Buden geschwenkt.

102. Alter Hausrat ist wieder sehr beliebt und das liebevolle Zusammentragen alter Stücke ein verbreitetes Hobby. Die Tandler-Buden auf der Auer Dult sind Fundgruben für Individualisten jeden Geschmacks und Geldbeutels.

103. Diese Sammlung alter Bierkrüge mit ihren Zinndeckeln, Erinnerungsemblemen und Sinnsprüchen findet ihre Liebhaber auf den überladenen Tischen der Auer Dult.

104. Zu Europas bedeutenden Messeplätzen zählt der Münchner Ausstellungspark mit seinen ausgedehnten Hallen. Die Internationale Handwerksmesse hat sich hier mit mehr als 2400 Ausstellern aus 44 Ländern und rund 350 000 Besuchern zur größten Messe ihres Bereichs entwickelt. Dieser Ausschnitt zeigt Glasarbeiten aus dem Bayerischen Wald.

105. Die alljährlich im Frühjahr und Herbst veranstaltete Münchner Modewoche hat dazu beigetragen, Münchens Bedeutung als Modestadt ständig zu steigern. Internationale Häuser zeigen hier ihre neuesten Kreationen; auf dem Laufsteg der Modewoche ein Modell des Pariser Hauses Christian Dior.

106. Sechs Jahre lang plante und baute München mit Hilfe von Bund und Land seine olympischen Sportstätten, seit am 26. April 1966 in Rom vom Internationalen Olympischen Komitee entschieden wurde, die Sommerspiele 1972 hier auszutragen. Bei einem Architektenwettbewerb siegte der Entwurf der Stuttgarter Gruppe Günther Behnisch, der durch seine schwingenden Formen bestach. Sein Zeltdach ist inzwischen nicht nur zum größten, sondern auch zum teuersten Dach der Welt geworden. In dieser Bauphase enthüllt die neuartige Seilkonstruktion dieses Daches ihre Verknüpfung von Ästhetik und Technik; vorn ein Netzteil an der Schwimmhalle, hinten das Netz der Sporthalle.

107. Die Traditionen der Sportstadt München reichen weit zurück. Der Sportverein von 1860 kann auf viele Erfolge, vor allem auch in der Leichtathletik, zurückblicken. Nach der Deutschen Fußballmeisterschaft 1966 wurde die Elf dieses Vereins jedoch vom Lokalrivalen FC Bayern überrundet.

108. Die Regatta-Strecke für die Ruderer und Kanuten zwischen Feldmoching und Schleißheim ist ein künstlich angelegter See. Er ist 2230 m lang, 140 m breit und bis zu 3,50 m tief. Die Tribünen können 25 000 Zuschauer aufnehmen. Nach den olympischen Wettkämpfen wird diese Anlage als das größte und modernste Zentrum des Ruder- und Kanusports im süddeutschen Raum der Sportjugend für Training und Wettkämpfe offenstehen.

109. Für das olympische Basketballturnier wurde in Obersendling – in der Nähe des Ausstellungsparks mit seinen Hallen für die Fechter und Gewichtheber, Ringer und Judokas – dieser Rundbau errichtet, der 5600 Zu-schauern Platz bietet. Damit erhalten neue Stadtviertel im Westen ein attraktives Sportzentrum.

110. Das Olympia-Radstadion hat eine 285,7 Meter lange Bahn aus afrikanischem Spezialholz mit stark überhöhten Kurven. Bei den ersten Probefahrten erklärten die Fahrer sie zu einer der schnellsten Bahnen der Welt. Auf den überdachten Tribünen finden rund 5000 Zuschauer Platz.

111. Ein Architektentraum ist Wirklichkeit geworden und setzt einen Maßstab für die moderne Architektur. Das gläserne Superdach verbindet die drei Sportstätten – links das Schwimmstadion, rechts die Sporthalle, dahinter das Stadion – zu einem geschlossenen Ganzen. Das Glasdach, mit 75 000 Quadratmetern nicht nur das größte, sondern mit mehr als 150 Millionen Mark auch das teuerste der Welt, läßt als großer Wurf die Schwierigkeiten seiner Entstehung in den Hintergrund treten.

112. Seine Eröffnung, Generalprobe und erste große Anerkennung erlebte das Olympia-Stadion am 26. Mai 1972 mit dem Fußball-Länderspiel Deutschland–Sowjetunion. Die allgemeine Anerkennung für dieses Stadion und seine kühne Dachkonstruktion hat viele Stimmen der Kritik an den Kosten verstummen lassen.

113. Die nächtlichen Lichter und Reflexe unterstreichen die neue Architektur der Schwimm- und Sporthalle mit ihren interessanten Dachformen. Die Schwimmhalle (vorne rechts) öffnet sich mit einer großen Glasfront zum künstlichen See, in dem sich die Lichtfülle des Innenraums spiegelt; im Hintergrund rechts die Hochhäuser des Olympischen Dorfes.

NOTES ON THE ILLUSTRATIONS

Titel: View of the Frauenkirche and Townhall Tower through the Tower railing of Alter Peter.

On the back: Olympic Flame in front of the Olympic Television Tower.

1. The mid point of the city is the Marienplatz with the Mariensäule, built in 1638. The late-gothic townhall tower houses colorful carillon figures which dance each day at eleven o'clock. To the left the Frauenkirche, on the far right the Theatinerkirche. Recently the Marienplatz was made a pedestrian zone, under which the S-Bahn and the subway cross.

2. Munich spreading itself through the aluvial land of the Isar, is the gateway to the southern Alps 100 km away. The green hills in north Munich are landscaped mounts consisting of Munichs ruins of World War II. On clear days these hills provide an excellent ventage point for viewing the city and the Alp chain. Munich, with its 1,3 Millions inhabitants and over 400 000 autos, is one of the traffic busiest cities.

3. For almost five hundred years the trademark of Munich has been the towers of the Frauenkirche, construction of which began in 1468. The church was consecrated in 1494, but the characteristic tower domes were not put in place until 1525. A lift in the southern of the 99 m (327 feet) high tower takes one to commanding views (on clear days!).

4. Built between 1965 and 1968, the Television tower is 290 m (957 feet) high. The lower "bubble" houses radio and tv facilites of the post, the upper contains a revolving restraunt and viewing platforms between 174 m and 192 m (574 feet and 634 feet). Around the base of the tower the facilites for the Olympic Games were planed and built, giving it the name Olympic.

5. Hofbräuhaus at the Platzl in the heart of the old city of Munich is best known beer hall and attracts over four million guests per year. It was founded in 1589. In 1882 the brewery was moved to the east bank of the Isar and in 1896/97 transformed in into the present restaurant and pub. Apart from its world famous "watering place", the banquet hall, and the gardens in summer are worth seeing.

6. Built in 1957, the "atomic egg", near Garching on the norther edge of the city is the mid point of a steadily-growing research center of the technical university. Covered with smooth aluminium skin, its concrete dome encloses an (american made) atomic reactor, the first set up in Germany.

7. At this edges the city is also growing upwards. An example of recent "annual rings" around the old city is the arabella complex with its high-rises. The population explosion presents Munich with huge housing and traffic problems.

8. Munich's oldest building encloses the old court of the earlier Ludwigsburg, founded in 1253 by Duke Ludwig the Strict as the first ducal fortification and residence in bavaria. The south wing with its gothic arch was sparred in the last war. The former ducal stronghold has been restored and is now the seat of finance officials.

9. Among Schwabings newer meeting places is the Citta 2000, whose bars and boutiques on the Leopoldstraße attract above all the younger generation. "Much for many" is the motto of this Schwabing variation on the Drugstore theme, which offers everything from espresso to air travel.

10. In the parks along the Isar one can take a breath of cleaner air and relax removed from the centers of mass entertainment and transportation.

11. The Pegasus Mosaic at the Giebel Stage House of the National Theatre is a symbol of Art and Literature. Between the Hofgarten and the Maximilianstraße one finds a host of cultural institutions that belong to the Residence complex: the National-, Residence- and Cuvilliés Theater, the Herkulessaal, Antiquarium, Schatzkammer, Residence Museum, Coin Kabinett, the Academy of Sciences, the Presidium of the Max Planck Society, the Munich Philharmonic and its rehearsal hall. In front of the National Theatre stands a statue of King Max I Joseph, who built the Theatre and arranged the first Oktoberfest.

12. Culture and zest belong together. Artists and writers have made Munich Fasching into an virtual season of celebration. Hundreds of balls fill the program of the Fasching hot sports. Dancing through Fasching is part of that Munich way-of-life in which enjoying life is most important.

13. The Patrona Bavariae on the Mariensäule is the patron saint of Munich. It was created by Hubert Gerhard and errected in 1638 after hard years of war, hunger and pestilence. The carillon figures in the townhall tower perform a jousting tournament and a cooper's dance daily at eleven o'clock.

14. Until recently the Marienplatz was the city's main intersection, but now pedestrians lounge about and underneath this oasis of rest and relaxation the subway and S-Bahn cross.

15. A main traffic artery has become a pedestrian mall. One can walk, look, linger and even buy all over the new pavement between Stachus and Marienplatz. Only the new lamps "hot-water bottles" have not quite found Munich's favor.

16. Easter mass in the Peterskirche, oldest parish church in the city. Built between 1181 and 1190 as a romanesque Basilika, it was later changed and destroyed many times. The interior–the high alter of Nikolaus Stuber (1730) with its gothic Peter (1517) and figures by Egid Quirin Asam and Erasmus Grasser–was saved in the last war. The reconstruction from 1949 to 1953 was due to the initiative of Munich citizenry. As a reward for climbing 300 steps the early 17th century tower offers impressive views of the old city and environs.

17. The church, too, is the object of youthful demonstration. In the 1971 corpus-christi procession young people carried a banner with these words: "We feel the church is too important to be left in the hands of the hierarchy."

18. The corpus-christi procession through the inner city from the Frauenkirche to the altars at Marienplatz, Siegestor and the Feldherrnhalle is a yearly demonstration of Catholic faith. Numerous faithful, and many prominent people in bavarian government and public life accompany the Monstrance carried by Cardinal Döpfner.

19. A Munich representative of teaching and research is Professor Werner Heisenberg, who was born in 1902 and received the Nobel Prize in 1932. He is one of the physicists who laid the theoretical foundations of quantum and atomic physics. After the last war he built the Max Planck Institute for Physics and Astrophysics, at first in Göttingen and then in Munich into a leading research center.

20. The artificial creation of solar energy through atomic fusion is the ultimate goal of Plasma physics. Its german center, the Max Planck Institute for Plasma Physics, has attained interesting results. With the help of strong magnetic fields and electric impulses Plasma stellar ("building blocks") can be created and investigated in the new stellarator Isar T I, the largest of its kind.

21. The Europea-rocket experiment has so far proven to be expensive, instructive and not very successful. The three stages were built in England, France and Germany but have not yet gotten off the ground. The development and construction of the third stage at the Messerschmitt-Bölkow-Blohm space-technology center in Munich has helped "boost" german technology into the rocket age.

22. The "train of tomorrow" is already running on Munich testtracks. Here, the technique of magnetic hovering was quickly advanced to the "launching" of experimental vehicles in relatively short time by two experimental developments. Long-range goal is economic rail-travel over existing track at speeds of 500 km. p. h. (about 330 m. p. h.). The first tests vehicle has been able to develope a speed up to 90 km. p. h. (56.7 m. p. h.) on Messerschmitt-Bölkow-Blohm 660 meter straight experimental stretch. Both vehicles are suited for higher speeds over longer stretchs, and are the first of their type in the world. Experts in many countries are interested.

23. The experimental vehicle "transrapid" (of Krauss-Maffei has attained a velocity of 150 km. p. h. (94.5 m. p. h.) on a 1200 meter-long stretch with a curve.

24. Bavarian motor works' new headquarters at Oberwiesenfeld in the vicinity of the Olympic Stadium is an example of the new forms and techniques of modern architecture. The cylinders were mounted on the core of the building and then lifted into position.

25. The history of technology from its beginnings in prehistoric times to the present age is the theme of the Deutsches Museum, located on an island in the Isar. A reproduction of the ceiling on the spanish Altamira cave with its prehistoric paintings informs us about the first paints used by man.

26. The rapid development of aeronautics within an average life-time is shown by the aircraft in the Hall of Air Travel in the

Deutsches Museum. (Above) A Rumpler-Taube from 1913 and the first plane to cross the english channel, the Bleriot-monoplane; on the left a fighter from the First World War, in the background a Junkers Ju 52, in front of it the german jet fighter the Me 262, both of the World War II; on the above right a Fieseler "Stork". In the foreground hangs a model of the famous german flying boat, the DO X of the 1930's.

27. The figures of the templefrieze of Aegina (490 B. C.) are among the most famous works of Grecian sculpture to be found in the Glyptothek on the Königsplatz. This interesting collection of Grecian art was not reopened to the public until 1972, some 30 years after the destruction and rebuilding of the Glyptothek.

28. View of Königsplatz and the Propylaes from the portico of the Glyptothek. The buildings on this square were commissioned by King Ludwig I. Leo von Klenze built the Ionian Glyptothek from 1810 to 1830, and the largely Doric Propylaes from 1854 to 1862 (thus after the king's addication), and Georg Ziebland built the new state gallery (1838 to 1848) with Korinthian columns (now Antikensammlung). The slabs which give the Königsplatz a certain barenness and coldness were set in the 1930's.

29. The throne hall of the kingdom of Bavaria was once behind the Hofgarten-portico of the Residence. The First World War destroyed the kingdom, the Second the hall. Rebuilt as a concert hall, the Herkules tapestries of Gobelins give it its name, Herkulessaal. Representing the people, the figures over the entrance now show the way to music, not to the king. In the background the cupolas of the Theatinerkirche.

30. On the Brunnentempel in the Hofgarten stands a bronze statue of Bavarian by Hubert Gerhard (circa 1594), a copy of the original which stood here from 1615 to 1943 and is now in the Residence museum. A huntress with imperial orb and harvest wreath, Bavaria is often taken to be Diana, but in truth she is an allegory of the Renaissance State on the threshold of the Baroque.

31. The Hofgarten was a cabbage field by the Residence until Duke Maximilian had it transformed into an Italian garden in the early 1600's. The Theatinerkirche was built by Barelli and Zucalli between 1660 and 1693 as a paragon of the Italian Baroque. Con-

secrated to Saint Cajetan, the church represents the gratitude of the electoral prince Ferdinand Maria for the birth of an heir in 1662.

32. The "Reichen Zimmer" (luxurious chambers) of the residence were restored by Cuvilliés in Rococo style after the fire of 1739, which destroyed parts of the Residence and valuable works of art. Prominent guests of state, for instance Queen Elisabeth II. and Charles de Gaulle, reside in the "Reiche Zimmer" during their visits. Otherwise the rooms are accessible to the public. Here a detail from the Conference Room with writing table and wall of mirrors.

33. The Antiquarium of the Residence is considered the largest secular Renaissance hall north of the Alps. Duke Albrecht V. had the 69 meter long Barrel-vault built between 1569 and 1571 to house his collection of Italian antiques. Between 1588 and 1596 Hans Thonauer painted the walls and niches with over one hundred scenes of Bavarian cities and castles. Today the Bavarian government holds its official receptions in the restored Festival Hall.

Treasures from the Schatzkammer and the Antikensammlung:

34. Life-like portrait of a young man, Greco-egyptian wax painting on wood, third century grave relic (Antikensammlung).

35. The statuette of St. George is the work of Munich goldsmiths from the years between 1586 and 1597. Richly set with diamonds, rubies, pearls and other precious stones, it is one of the attractions of the Schatzkammer. The 18 1/2 inch statuette was created for inclusion in a St. George Shrine wich the archbishop of Cologne sent to his brother Duke Wilhelm V. in Munich in 1586.

36. Among other pieces of jewelry, King Ludwig I. aquired this gold (Greco-italian) wreath from Carolines Murat, Queen of Naples during Napoleons time. This delicate piece of goldsmith work is a funeral wreath from the fourth century B. C.

37. This crook, whose silver relief shows St. Hubertus and the stag, was completed in Augsburg in 1730 for the priory of the Order of Knights of St. Hubertus. This order, founded in 1444 and renewed in 1708 and 1808 war the house Order of the Palatine Wittelsbach family whose land was united with Bavaria in 1777.

38. The so-called "Heinrichs Crown" came to the Munich Schatzkammer in 1803. It was made circa 1280, and adorned a relic of Kaiser Heinrich II. in the Bamberg Cathedral.

39. After Bavarian was proclaimed a kingdom on the first day of 1806 King Max I. Joseph had a crown and insignia fashioned by Biennais in Paris. He was never crowned, however, by a church dignitary. The crowns of king and queen, imperial orb, scepter and sword are now the main attractions in the Schatzkammer.

40. From 1751 to 1753 François Cuvilliés the Elder built an intimate Rococo opera house for the electoral prince Max III. Joseph. This theatre stood on the site of the present Residence Theatre and was destroyed in the last war. Substantial portions of its interior decor were saved and "replanted" in the rebuilt theatre at the Brunnenhof. On the procession of Munichs 800th anniversary the Cuvilliés Theatre was reopened with its old splendor and modern stage-outfittings. The figure under the middle loge has a "heavy" role.

41. View from the stage of the Cuvilliés Theatre whose red, white and gold Rococo decor is as enchanting as ever.

42. Twice the Nationaltheater burned to its foundations. Karl von Fischer built it between 1812 and 1818, and five years later is was destroyed by fire. Thanks to a special beer tax it was rebuilt in two years by Klenze. It was destroyed again in the World War II, and restored with the help of public donations. The theatre was reopened on 21. November 1963.

43. On the right a statue of Max I. Joseph, who had the National Theatre built, seen here through a shop window on Max-Joseph-Platz.

44. The Marschallin (Gwyneth Jones) holds court in the Nationaltheater's 1972 production the "Rosenkavalier" (conduction Carlos Kleiber, production by Otto Schenk; sets and custumes by Jürgen Rose).

45. Laser lighting effects in the Nationaltheater one of the most interesting aspects of contemporary stage technique.

46. Evening view of the Maximilian boulevard and memorial to Maximilian II. from the top of the Maximilianeum.

47. The Maximilianeum is Munich's most important building of the late-classical era

around 1860. King Maximilian II. had it built by Bürklein and Semper as the majestic termination of the boulevard named after and conceived by him. It became the seat of an royal foundation for talented pupils where today the Bavarian State Parliament and Senate convene. A Pallas Athena statue stands on the bridge in front of it.

48. Munich at one glance! Familiar view of towers in the heart of the city from the german patent office; those of Alte Peter, the Frauenkirche, the townhall and the Holy Ghost Church. So far this part of the city has been kept free of monstrous highrises.

49. The Hofgarten Café as a painter's motiv. When plans to abandon this café were made known all of Munich protested making this scene into a silent demonstration.

50. Children permitted to paint a wall. It stands at the entrance to the Civic Museum at Jakobsplatz and is supposed to remain exactly as the young artists wish.

51. The collection of the Neue Pinakothek, which has not yet been rebuilt, is temporarily in the Haus der Kunst. Large special showings and the annual exhibitions of local artist groups are held here. Here two drawings by Oskar Kokoschka.

52. Dürer's "Four Apostles" is one of the most famous paintings in the Alte Pinakothek, one of Europe's largest galleries. It was devastated in the last war, but the collection was removed in time and returned in 1957 to the rebuilt museum. The exterior of which still shows the signs of destruction and reconstruction.

53. Built for the painter Franz von Lenbach by Gabriel von Seidl, the palazzo at the Propylae is now a civic gallery. The work of Lenbach and well-known painters of the early twentieth century hangs here, especially the Blaue Reiter group of Macke, Marc, Klee and Kandinsky.

54. Numerous important works from the period of Kandinsky's transition (1903–1914) from representational to fantastic and abstract painting were denated to the Lenbach Gallery by Gabriele Münter, Kandinsky's life-long companion. They have been gathered together to form a special showing of international importance.

55. View of the Lenbach room in the civic gallery. In the background a portrait of Bismarck by Lenbach.

56. View of the villa garden with italian fountains through the balcony railing.

57. The commanding statue of Bavaria on the Theresian meadows was a sensational work of casting at the time of its creation. Schwanthaler made the model, von Miller cast the iron statue, which measures 19 m (62 1/2 feet) from head to toe. 126 steps inside lead to peep-holes in Bavaria's forehead and curls. Behind the statue is the Ruhmeshalle (Pantheon) of Leo von Klenze.

58. The oldest and one of the most beautiful fountains of Munich is the bronze baroque fountain, known as the Wittelsbacher or Otto fountain. The statue, representing Otto von Wittelsbach, the first duke of Bavaria, is surrounded by allegories of the bavarian rivers in the form of Greec figures. The fountain was created in about the year 1610 by Hubert Gerhard. In the background the clock tower of the Residenz.

59. Munich has so taken the scurrilous unforgettable fountains figure of Karl Valentin into its heart that it is always decorated with flowers. Folk singer, skeptic and humorist, the comedian died in 1948.

60. After her death in 1960, Valentin's partner, Liesl Karlstadt, also received a memorial fountain in the Viktualienmarkt, just where the pussywillows are sold in early spring.

61. Romance at the Viktualienmarkt: a couple has found a durable thistle flower.

62. The Viktualienmarkt has withstood traffic planning, department stores and super markets. Her in the village of Munich one buys fruits, vegetables, flowers, eggs, cheese and honey at the stands between the wooden market booths. The tower of the neighboring Holy Ghost Church peeps down through the umbrellas and sunshades.

Munich fountains enliven their surroundings and give them irreplaceable flavour. The people of Munich are so used to them, they scarcely notice they live in a city of fountains where there's bubbling and gushing going on all over. For instance:

63. From this perspective the Angel of Peace appears to be standing on a column of water rising from the fountain at his feet. This memorial to the Peace of 1871 was built by Heinrich Düll in 1899 and ends one section of the Prinzregentenstraße.

64. Even the "underground city" at Stachus has its fountain.

65. Recently the faun and the fountain-boy moved from Stachus through the Karlstor and now continue their mischief at a house corner. The unveiling of the naked figure by Gasteiger created made a stir in 1895.

66. The Neptune fountain in the Old Botanical Garden is the work of Joseph Wackerle (1937).

67. At the university the Ludwigsstraße is flanked by two shell fountains, built in 1844 by Friedrich von Gärtner. In the background another of his creations, the Ludwigskirche.

68. The Wittelsbach fountain of Adolf von Hildebrand at Lenbach Platz (1895) is one of the largest in Munich.

69. A family outing in the English Gardens can practically become an expedition, since the park stands north for miles into the Isar meadows. The park has an area of 237 hektar (585,65 acres), and was planed in the years after 1789 by Ludwig von Sckell and financed by the electoral prince Karl Theodor.

70. A popular destination for thirsty strollers in the English Gardens and one of the most beautiful beer gardens in the Munich lies in the shadows of the chestnut trees at the Chinese Tower.

71. Detail of ceiling stucco-work in the Amalienburg, built as hunting lodge 1734–1739 in the Nymphenburg park by François Cuvilliés. It is considered a gem of rococo architecture.

72. View of the middle section of the Nymphenburg palace from the Nymphenburg Canal bridge. The palace and adjoining park transport the visitor into an era far removed from modern-day hustle and bustle.

73. The Beauties' Gallery in the Nymphenburg Palace is another creation of King Ludwig I. Infatuated with the beautiful women of his time, he commissioned the court painter Stieler to capture some of them on canvas. The gallery of 38 portraits reflects Ludwig's tastes, of course, as well as the fashion and society of his days. Among the beauties who rangs from craftsman's daughter to princess, is the Lola Montez, Ludwig's controversial favorite.

74. In its Munich banks the green and swift-flowing Isar reveals its temperamental mountain-river nature. For centuries the river was the natural eastern border of the city, and even now its broad bed and the parks along its banks create a unique landscape.

75. The Schleissheim palace, located 14 km north of the city, houses the Baroque Gallery (17th and 18th century, Dutch and Italian masters) of the Bavarian State collection. A French garden adjoins the Palace started by Zucalli between 1701 and 1727 and completed by Effner.

76. Built by Zucalli and renovated in 1970 to 1971 the garden palace Lustheim in the Schleissheim park houses an interesting collection of old porcellan.

77. Two most interesting pieces in the Meissen porcellan collection (donated by Ernst Schneider) – elephant candelabra (1735) by the saxon court sculpture Kaender.

78. The Hellabrunn Zoo in the Isar meadows near Thalkirchen was started by Emanuel Seidl in 1911, and after abandonment in World War I it was started up again by Heck in 1928/1929. Its large enclosures provide 3500 sorts of animals great freedom of movement. Near the elephants the parrots bring a taste of the jungle to the Isar meadows.

79. Visitor favorits: the orang-utan twins Hella and Bruni and comrades from the chimpanzee family. The Zoo has had interesting success with primate breeding.

80. One of tle last great circuses is the Munich-based Circus Krone which spends its winters here. The photo shows Christl Sembach-Krone in a trained-horse act.

81. Sunday in a garden pub on the Leopoldstrasse in Schwabing.

82. Weather allowing artists sell their wares evenings on the stroller's boulevard, the Leopoldstrasse.

83. From the south one enters Schwabing at the Siegestor (gate of victory). Leaving the severe architecture of the University and the Ludwigsstrasse behind, one comes upon a take-it-easy district of discussion and discotheques. Modeled after the Constantin arch of triumph in Rome, the Gate was built in 1850 in commemoration of the wars of liberation of 1813–1815.

Fasching scenes:

84. Gärtnerplatz Theatre Ballet dancing at the ball in the Deutsches Theater.

85. With guests in *echt* costumes the "Suburban Wedding" is a joyous fasching's night.

86. His craziness and her darlingness, the fasching prince and princess of Narhalla, and their court make numerous appearances in fasching "hot spots".

87. With fantastic and amusing costumes the damischen Ritter (foolish, crazy knights) have put on festivities in the Löwenbräukeller one finds only in Munich.

88. One fasching sunday the streets and squares of the inner city are devoted entirely to fasching festivities. Here a beat band plays at Königsplatz.

89. "Carnival in Rio"–a hot bit of Fasching with temperamental dancer in mini-custume.

90. Lent is strong beer season in Munich, where only brass bands can lend the proper "acustical" seasoning.

91. Without difficulty this waitress jostles a dozend or more Masskrüge (litre-mugs) around in the Salvator-Keller.

92. Even the youngest will drink out of nothing but Masskrug during the festivities in the Salvator-Keller. Thanks to parental providence it are just soft-drinks.

93. An annual meeting of prominent members of all political parties sampling Salvator beer. Headed here by Alfons Goppel (left), they have to swallow all kinds of numerous critism along with their tasty beer.

94. The Oktoberfest takes its name from its closing day, the first sunday in October, which is why the Oktoberfest begins in September. In 1810 the people were so pleased with the public festivities the royal house gave on the occasion of the marriage of crown prince Ludwig and Theresia von Hildburghausen that they wanted to celebrate every year. To this day the Fest site is called the Theresienwiese. In large beer tents 4 million Mass of beer, 100 000 fried-chickens and similar quantities of sausage, pretzel and fish are consumed each year.

95. Held the first sunday of the Oktoberfest, the Trachten- and Schützenparade through the city to the Theresienwiese is a colorful event. Here the Munich Schäffler (coopers, barrel-makers) are marching through the Odeonsplatz.

96. The youngest find the route from the Isar to the Theresienwiese much longer than it really is.

97. Along with the Oktoberfest the Bavarian Agricultural Fair often takes place on the southern half of the Theresienwiese. One can see farm machinery, animals, and riging-and dringing tournaments. Here, for a change, the laurels are resting on the winner of the oxen-riging contest.

98. The Mayor's keg-tapping is the traditional Oktoberfest opener. Hans Jochen Vogel was Munich's mayor for the last twelve years.

99. View of the Oktoberfest through the ferris wheel. Hundreds of thousands of visitors from all the world have made the "olympic city" into one of the largest of festival sites.

100. In early spring, summer and autumn the Auer Dult around the Mariahilfkirche becomes a popular meeting place for a week. This fair has a hundred year old tradition and has developed into the Munich variation of the Parisian flea market. Old household items, antiques at bargain prices, pots and pans crockery are among the interesting wares.

101. The carousel at the Auer Dult has swung generations of happy Munichers through the air filled with the smells of Bratwurst and roasted almonds.

102. Household junk has become popular again, the careful collecting of old pieces a hobby for many. Knick-knack booths at the Auer Dult are treasure throve for individuals of every taste and bank-account.

103. Old beermugs with their zink lids, memorial emblems and mottos find buyers on the overladen counters at the Auer Dult.

104. The Munich Ausstellungspark with its expansive halls is one most important fair grounds in europe. With more than 2400 exhibitors from 44 countries and 350 000 visitors, the International Crafts Fair has become one of the largest of its kind. This detail shows glass work from the Bavarian Forest.

105. The bi-annual Munich Fashion Week in early spring and autumn has helped to increase Munich's importantance as a center of fashion. International houses show their latest creations. On the promenade, here a Christian Dior.

106. Since the day in 1966 the IOC selected Munich as the site of the 1972 Summer Olympics the city has been planing and building olympic facilities with federal and state help. The "swinging" conceptions of the Stuttgart group of Günther Behnisch won the design competition for the Games. In the meanwhile their stadium roof has become the largest and most expensive in the world. At this stage of construction the roof network reveals its special union of aesthetics and technology. In the foreground a portion of the swim stadium, in the background the sport hall.

107. Munich's sport traditions are time-honored. The Sport club 1860 can look back on many of success. Especially in track and field. After winning the german championships in 1966, its soccer team was beaten by local rival FC Bayern.

108. The sculling and canoeing regattas will be held on an artifical lake between Feldmoching and Schleissheim. The lake is 2230 meters long, 140 meters wide and 3 1/2 meters deep. The tribunes accommodate 25 000 peoples. After the olympics, this water sport area, as the largest and most modern installation of its kind in south Germany, will serve young Bavarians for training and competition purposes.

109. A circular hall, accomodating 5600 visitors, was built near the air grounds for the fencing, weightlifting, wrestling and judo events. The western part of the city thereby gains an attractive sport center.

110. The bicycle stadium, 287,7 meters long with sharply inclined curves, is constructed of special african wood. Trak-tests proved this to be one of the fastest traks of the world. 5000 sportfans can be seated in the roofed seats.

111. An architects dream has become a reality and sets new standarts in the world of international architecture. This biggest roof of glassfiber unites three atlethic parks: left the swimming-stadion, right the sporthall and in the rear the stadium. The roof, network and glass, with its aproximately 76 000 square yards, is not only the largest but also the most expensive of the world (150 Million marks). But now this great creation has overshadowed all questions and difficulties.

112. The football stadium was apropriately dedicated on May 26, 1972 with a football contest between the leading football players of the Federal Republic of Germany and the team from the Soviet Union. This most successful encounter, tasting the stadiums adventages for both, players and fans, has dimed criticisms arising out of the immense costs.

113. Night lights and reflections underscore the new architecture of the swim stadium and the sport hall and their interesting roofs. The swim stadium (front right) opens unto an artificial lake which reflects the blaze of light from the stadium. In the background the olympic village high-rises.

COMMENTAIRES AUX ILLUSTRATIONS

Couverture: Vue des tours de la cathédrale et du beffroi de l'Hôtel de Ville au-travers du gardefou de l'église Saint-Pierre.

Dernière page: La flamme olympique devant la tour de télévision.

1. Le Marienplatz et la colonne dédiée à la Vierge, érigée en 1638, est le centre de la ville. Le beffroi néo-gothique de l'Hôtel de Ville abrite les figurines bariolées du carillon. Chaque jour à 11 heures on peut admirer la précision de leurs danses. A gauche la cathédrale, au fond à droite l'église des Théâtins. Au jourd'hui le Marienplatz est zone réservée aux piétons. Les deux lignes de métro se croisent en-dessous depuis peu.

2. Munich, bâti sur les berges de l'Isar, est considéré comme la porte de la chaîne des Alpes, située à 100 km au sud. Deux collines artificielles, érigées avec les décombres de la Deuxième Guerre Mondiale, sont les points les plus élevés, d'où l'on peut voir, par temps clair, la ville et le panorama des montagnes. La ville a actuellement plus de 1,3 million d'habitants. Les 400 000 voitures qui y circulent, en ont fait une ville européenne à grand traffic.

3. Les tours de la cathédrale sont depuis bientôt 500 ans le symbole de la ville. Erigée en 1468, consacrée en 1494, ce n'est qu'en 1525 que ses tours furent couronnées de leurs calottes typiques. Elles mesurent 99 m. de haut. Un ascenseur dans la tour sud permet aux touristes d'admirer le magnifique panorama que l' on a sous les yeux.

4. La tour de télévision construite de 1965 à 1968 a une hauteur de 290 m. Les émetteurs de la poste sont logés dans la plateforme inférieure; un restaurant tournant se trouve dans la plateforme supérieure ainsi qu'une terrasse panoramique allant de 174,15 m. à 192,60 m. au dessus du sol. C'est au pied de la tour que furent construites les installations olympiques (1966 à 1972) qui ont donné à la tour son nom de Tour Olympique.

5. Le Hofbräuhaus, au cœur de Munich, est la brasserie la plus connue de la ville. On y compte chaque année plus de 4 millions de visiteurs. Fondée en 1589, la brasserie fut transférée en 1882 sur la rive gauche de l'Isar; entre 1896 et 1897, l'actuel bâtiment fut aménagé en débit de boisson et restau-

rant. Il faut visiter non seulement la grande salle commune, mais aussi la salle des fêtes et, en été, le jardin.

6. « L'Œuf Atomique », à Garching, au nord de la ville, est depuis 1957 le symbole architectonique de la recherche scientifique et du progrès. Son enveloppe scintillante en aluminium autour de la coupole en béton abrite le premier réacteur atomique venu des Etats-Unis et installé en Allemagne. Ce centre de recherches scientifiques dépend de la Faculté des Sciences de Munich. Il est aussi la cellule primaire d'un centre de recherches en développement constant.

7. Immeubles dans les banlieues de la ville. Les gratte-ciel du complexe Arabella, construits au cours des dernières années, sont un exemple de ces nouveaux centres d'urbanisme entourant l'ancien centre de la ville. L'accroissement de la population pose de graves problèmes d'urbanisme et de circulation.

8. Le plus vieil ensemble de la ville comprend l'Alter Hof de l'ancienne Ludwigsburg, fondée par le duc Louis le Fort et établissant les premiers remparts et la résidence des ducs de Bavière. L'aile sud et son encorbellement gothique ont été sauvés des destructions de la Deuxième Guerre Mondiale. La Résidence ducale, restaurée, abrite aujourd'hui le Ministère des Finances.

9. L'ensemble « Citta 2000 », Leopoldstrasse, avec ses bars et ses boutiques est devenu un des lieux de rendez-vous à la mode de la jeunesse qui fréquente le quartier de Schwabing. « De tout pour tous », telle est la devise de ces drugstores si typiques à Schwabing et qui offrent de tout, du simple café au voyage organisé.

10. Les berges de l'Isar ont conservé leur caractère d'îlot de verdure au centre de la ville. Elles sont un lieu de repos et de détente favori de la population, lasse des fatigues de la vie quotidienne.

11. La mosaïque dite de Pégase, symbole des Beaux-Arts et la Littérature, orne le fronton de l'Opéra qui fait partie de l'ensemble de la Résidence, s'étendant de la Maximilianstrasse au Jardin de la Cour. De nombreux centres culturels y sont réunis: l'Opéra, les théâtres de la Résidence et de Cuvilliés, le Herkulessaal, la salle des Antiquités, le Trésor de la Couronne, le musée de la Résidence, le cabinet des Monnaies, l'Académie des Sci-

ences et le comité directeur de la Société Max Planck, l'orchestre philharmonique de Munich et sa salle de répétitions.

12. La vie culturelle et la joie de vivre vont de pair. Artistes et gens de lettre ont transformé le carnaval munichois en une saison de fêtes pleines d'entrain. Des centaines de bals ont lieu dans les hauts-lieux du carnaval. Cette folie de la danse et du plaisir pendant les fêtes du carnaval fait partie de cette façon de vivre si typiquement munichoise, où la simple joie d'être en ce monde est encore ce qu'il y a d'essentiel.

13. La « Patrona Bavaria » sur la colonne de la Vierge est la patronne de la métropole de l'Isar. Elle est l'œuvre de Hubert Gerhard, et fut installée en 1638 après bien des années de guerre, de famine et de peste. Tous les jours à 11 heures, les figurines du carillon du beffroi de l'Hôtel de Ville – installées en 1908-1909 – exécutent un tournoi de chevaliers et la danse des tonneliers.

14. Avant sa transformation en zone de piétons, le Marienplatz était, il y a encore quelques années, le centre névralgique de la circulation où se croisaient voitures et tramways. Les deux lignes de métro passent maintenant en dessous.

15. Les deux rues Kaufingerstrasse et Neuhauserstrasse qui vont du Marienplatz au Stachus sont uniquement réservées aux promeneurs qui regardent les vitrines, flânent et y font leurs achats. L'ancienne voie à grand trafic est devenue zone de piétons. Il n'y a que les nouveaux lampadaires (en forme de bouillotte, disent certains) que les munichois critiquent vivement.

16. La messe de Pâques dans l'église Saint-Pierre, la plus ancienne église paroissiale de la ville. Construite de 1181 à 1190 en style roman, elle fut plusieurs fois détruite et transformée. La décoration intérieure, le maître-autel de Nikolaus Stuber (1730), sa statue gothique de saint Pierre, et les figures de Egid Quirin Asam et Erasmus Grasser purent être sauvées. Une association privée en assura la reconstruction de 1949 à 1954. Du haut de la tour datant du 17ème siècle, le visiteur embrasse le panorama impressionnant de la vieille ville et de ses environs.

17. Même au sein de l'église la jeunesse manifeste ses critiques. Lors de la procession de la Fête-Dieu en 1971, des jeunes gens ont déroulé une banderole portant l'inscription:

« l'Eglise est trop importante pour la laisser aux mains de la hiérarchie! ».

18. Chaque année, la grande procession de la Fête-Dieu qui, depuis la cathédrale, traverse la ville et s'arrête devant les autels érigés au Marienplatz, devant l'Arc de Triomphe et la Loggia des Maréchaux, est une manifestation vivante de la ferveur religieuse des habitants. De nombreux fidèles, les membres du gouvernement et les représentants de la municipalité et de l'état bavarois suivent le Saint-Sacrement que porte le cardinal Döpfner.

19. Le professeur Werner Heisenberg (né en 1901, Prix Nobel de physique en 1932) est un des représentants de l'enseignement universitaire et de la recherche scientifique de Munich. Il est un des grands physiciens à avoir développé les bases théoriques de la physique atomique et des quanta. A la fin de la Deuxième Guerre Mondiale, il fonda d'abord à Göttingen puis à Munich l'Institut Max Planck, un des centres de recherches les plus importants pour la physique et l'astrophysique.

20. La simulation de l'énergie solaire par la fusion de l'atome est le but final de la recherche de la physique du plasma. Le centre allemand de recherche, l'Institut Max Planck pour la physique du plasma, dont le siège est à Munich, a déjà fourni des résultats intéressants. Ce nouveau Stellarator Isar T I, le plus grand dans son genre, permet de simuler et d'étudier l'état plasmatique des étoiles, grâce à des courants et à des champs magnétiques très puissants.

21. La recherche spatiale européenne et les expériences de la fusée européenne se sont révélées coûteuses et instructives bien que sans grand succès jusqu'à présent. Les trois étages de la fusée ont été construits en Angleterre, en France et en Allemagne; il n'y a eu que des lancements manqués. Le développement et la construction du troisième étage – œuvre du Centre de Technique Spatiale du groupe Messerschmitt-Bölkow-Blohm, dont le siège central est à Munich, devait permettre aux constructeurs et ingénieurs allemands de se placer au niveau international de la technologie spatiale.

22. Le chemin de fer de demain est déjà en service sur son trajet d'essai à Munich. La technique du train sur coussin magnétique se developpa en deux temps. La mise à l'essai

des prototypes fut vite réalisée. Le but de ces travaux est une circulation rationnelle à grande vitesse (500 km/h.) sur le réseau ferroviaire actuel.

Le premier prototype a atteint une vitesse de 90 km/h. sur le trajet rectiligne d'essai de Messerschmitt-Bölkow-Blohm, d'une longueur de 660 m. Ces deux moyens de transport, les premiers au monde, peuvent déjà atteindre des vitesses bien plus importantes sur des trajets plus longs. Ces travaux intéressent beaucoup d'experts étrangers.

23. Le prototype « Transrapid » de la Société Kraus-Maffei a déjà atteint une vitesse de 150 km/h. sur les 1200 m. du premier trajet d'essai non rectiligne.

24. Le nouvel immeuble administratif des Bayerische Motorenwerke (BMW), qui se dresse à côté des installations olympiques est un exemple d'architecture moderne aussi bien par sa forme que par sa technique de construction. Les plateformes rondes de cette « Quatre Cylindrée » ont été montées au sol autour d'un noyau de construction et ensuite élévées à leur hauteur finale. (Architecte Prof. Karl Schwanzer, Vienne).

25. L'histoire des techniques, depuis les époques les plus reculées jusqu'à présent, c'est ce que nous propose le Deutsches Museum, situé sur une île de l'Isar. L'imitation fidèle de la voûte dans le roc des grottes d'Altamira en Espagne avec ses fresques préhistoriques, montre au public la technique des premières couleurs employées par l'homme et leur valeur artistique.

26. Les engins de la première heure de Lilienthal à côté des dernieurs jets supersoniques mettent en lumière le développement rapide de l'aéronautique au cours d'une génération. Parmi les engins exposés dans cette salle de l'aéronautique on voit un avion Rempler Taube (en haut) de 1913, le monoplan de Blériot avec lequel ce dernier traversa la Manche pour la première fois en 1909, un chasseur de la Première Guerre (à gauche), un Junkers JU 52 de 1939 (au fond), le chasseur à réaction ME 262, construit en Allemagne pendant la Deuxième Guerre, un Fieseler Storch (en haut à droite), et au premier plan le modèle du fameux hydroglisseur allemand DO X des années 1930.

27. Les sculptures antiques de la frise du Temple d'Egine (490 avant J. C.) font partie de la fameuse collection d'œuvres grecques

qui se trouvent au musée de la Glyptothèque sur le Königsplatz. Cet édifice détruit pendant la dernière guerre et réouvert au public en 1972, présente une des collections les plus intéressantes de l'art plastique grec.

28. Vue du portique néo-classique de la Glyptothèque sur le Königsplatz et les Propylées. Le roi Louis Ier fit construire la place. Leo von Klenze fut l'architecte de la Glyptothèque de style ionique (1816–1830), Georg Friedrich Ziebland celui de la nouvelle Galerie d'Etat (1838–1848), actuellement musée des antiquités classiques, avec ses colonnes corinthiennes; c'est de nouveau Klenze qui, peu après l'abdication du roi, érigea les Propylées en style dorique (1854–1862). Le dallage en pierre qui donne à cette place sa froideur et sa nudité fut posé vers les années 30 de notre siècle.

29. Derrière le portique de la Résidence du côté du Jardin de la Cour se trouvait autrefois la salle du trône du royaume de Bavière. La Première Guerre Mondiale renversa la monarchie et la Seconde détruisit la salle du trône. Reconstruite, elle sert aujourd'hui de salle de concert. C'est la salle d'Hercule, appelée ainsi d'après des motifs des tapisseries qui la décorent. Les statues de la balustrade représentent le peuple, n'indiquent plus le chemin vers la monarchie, mais vers la musique. Au fond, les coupoles de l'église des Théatins.

30. La statue en bronze de la Bavaria qui couronne la coupole du temple aux fontaines situé au milieu du Jardin de la Cour (1615), est la réplique de l'original dû à Hubert Gerhard (1594) et qui se trouve au musée de la Résidence. L'œuvre originale est entrée au musée en 1943. La Bavaria, souvent confondue avec Diane Chasseresse à cause de son globe impérial et de sa couronne d'épis, est une allégorie de ce pays, entre l'époque renaissance et le baroque.

31. Le Jardin de la Cour date du début du 17ème siècle. C'est le duc Maximilian qui fit transformer les champs qui se trouvaient devant sa résidence en un jardin à la française. Le temple aux fontaines fut construit à cette époque. L'église des Théatins (1663–1697) est l'œuvre des architectes Barelli et Zucalli et témoigne de l'ampleur du baroque italien. Le prince-électeur Ferdinand Maria la fit élever en remerciement de la naissance de son héritier en 1662; elle est dédiée à Saint-Gaétan.

32. C'est à la suite de l'incendie du 14 décembre 1739 qui détruisit une grande partie de la Résidence et de ses trésors que François Cuvilliés décora les chambres d'apparat de la Résidence dans le style rococo de l'époque. Elles accueillent aujourd'hui d'illustres visiteurs tels que, par le passé, le Général de Gaulle et la reine Elisabeth II. Elles sont ouvertes au public. La photo montre une partie de la salle de conférences avec ses glaces murales et son bureau.

33. La salle des Antiquités de la Résidence est la plus grande salle renaissance à caractère non religieux au nord des Alpes. Le duc Albrecht V la fit construire de 1569 à 1571 pour sa collection d'antiquités italiennes. Elle mesure 69 m de long et est surmontée d'une voûte en tonneau. Hans Thonauer exécuta de 1588 à 1596 les peintures murales et celles des alcôves représentant plus de 100 panoramas de villes et châteaux bavarois. Bombardée et restaurée après la Deuxième Guerre, c'est aujourd'hui la salle des réceptions officielles du gouvernement. La chambre du Trésor et la collection des Antiquités:

34. Portrait réaliste d'un jeune homme, encaustique gréco-égyptienne sur bois (3ème s. av. J. C.), offrande pour momie (Col. Antiquités).

35. La statuette de Saint-Georges est un travail d'orfèvrerie munichois (env. 1586 à 1590). La figurine couverte de rubis, perles, diamants et gemmes est une des pièces les plus intéressantes de la Schatzkammer. Hauteur 50 cm.; elle devait renfermer une relique de St. Georges, envoyée au duc Guillaume V par son frère Ernst, archevêque de Cologne en 1586.

36. Le roi Louis Ier acquit avec d'autres bijoux cette couronne d'or gréco-romaine ayant appartenu à Caroline Murat, reine de Naples à l'époque napoléonienne. Cet admirable travail d'orfèvrerie est une couronne mortuaire d'une collection d'antiquités.

37. La crosse et ses reliefs d'argent décorés de scènes de St. Hubert fut commandée vers 1720 à 1730 par le prieur de l'Ordre des chevaliers de St. Hubert. Les chevaliers de St. Hubert fondèrent en 1444 l'ordre dignitaire des Wittelsbach princes-électeurs du Palatinat, rattaché à la Bavière en 1777. L'ordre fut renouvelé en 1708 et en 1808 (Schatzkammer).

38. En 1803, au moment de la sécularisation la Schatzkammer de Munich fit l'acquisition

de la couronne d'Henri, provenant du trésor de la cathédrale de Bamberg. Elle date de 1280 et ornait une relique de l'empereur Henri II de la famille des Staufer dans la cathédrale de Bamberg.

39. Le 1er janvier 1806, après la proclamation du royaume de Bavière, le roi Max Ier Joseph fit exécuter sa couronne et ses insignes à Paris, à l'atelier Biennais. Il ne fut cependant jamais couronné par un dignitaire de l'Eglise. Les couronnes du roi, de la reine, le globe, le sceptre et l'épée ont été déposés dans la Schatzkammer dont ils sont la grande attraction.

40. François Cuvilliés construisit de 1751 à 1753 l'opéra particulier de style rococo du prince-électeur Max Joseph III. Ce théâtre se trouvait à la place de l'actuel théâtre de la Résidence. Il fut detruit pendant la Deuxième Guerre Mondiale. Les parties les plus importantes de sa décoration intérieure purent être sauvées et transportées au théâtre situé sur la cour intérieure. A l'occasion du 800ème anniversaire de la fondation de Munich, en 1958, le théâtre Cuvilliés rouvrit ses portes dans toute sa splendeur passée. Il est équipé d'une scène très moderne. La statue sous la loge centrale est une caryatide.

41. La salle du théâtre de Cuvilliés vue de la scène. Décors rococo rouge, blanc et or. Cette atmosphère nous enchante toujours.

42. Le Théâtre National a brûlé deux fois complètement. Construit de 1812 à 1818 par Karl von Fischer, il fut détruit une première fois en 1823. Grâce à la souscription « le sou de la bière » organisée par les habitants, il fut, en deux ans, reconstruit par Klenze. Une semblable initiative permit sa reconstruction après la Deuxième Guerre. La somme ainsi réunie s'éleva à 63 millions de marks. Sa réouverture eut lieu le 21 novembre 1963.

43. Le Théâtre National vu d'une vitrine du Max-Joseph-Platz. A droite le monument du Roi Max Joseph Ier qui en commanda la construction.

44. 1972 au Théâtre National: représentation du « Chevalier à la rose ». La Maréchale (Gwyneth Jones) tient sa cour. Chef d'orchestre: Carlos Kleiber – Mise en scène: Otto Schenk – Décors et costumes: Jürgen Rose.

45. Les effets de lumière d'un rayon Laser sont un des moyens les plus intéressants de la technique de mise en scène moderne.

46. La Maximilianstrasse, le soir, vue de la colline du Maximilianeum, avec la statue du roi Maximilian II.

47. Le Maximilianeum est l'édifice le plus important de la période post-romantique vers 1860. Le roi Maximilian II le fit édifier par Bürklein et Semper. C'est le point final royal de cette avenue majestueuse conçue par lui. Le roi en fit une fondation pour les élèves particulièrement doués. Aujourd'hui, c'est le siège du Parlement et du Sénat de Bavière. Sur le pont, au premier plan la statue de Pallas-Athénée.

48. Panorama de Munich: la célèbre perspective vue du toit de l'Office Allemand des Brevets embrassant les tours de la ville: l'église Saint-Pierre, la cathédrale, l'Hôtel de Ville et l'église du Saint-Esprit. On a réussi jusqu'à présent à sauvegarder le centre de la ville de l'envahissement des gratte-ciel.

49. Le café du Hofgarten, sujet pour peintres. Lorsqu'on apprit que ce café allait être fermé, tout Munich protesta. Cet endroit idyllique devint ainsi le lieu d'une manifestation silencieuse.

50. Des enfants peignant une facade. Celle-ci se trouve devant l'entrée du Musée de la ville au Jacobsplatz et doit rester telle que les diverses générations l'ont décorée peu à peu.

51. Les toiles de la Nouvelle Pinacothèque qui n'est pas encore reconstruite, sont exposées aujourd'hui au « Haus der Kunst ». C'est ici qu'ont lieu également les expositions annuelles des artistes de Munich, ainsi que les expositions spéciales. Sur la photo, deux portraits d'Oskar Kokoschka.

52. Les Quatre Apôtres d'Albrecht Dürer sont parmi les plus célèbres toiles de l'Ancienne Pinacothèque, un des plus importants musées d'Europe. Cet édifice dû à Klenze (1826–36) fut détruit pendant la Deuxième Guerre. Ses trésors artistiques qui avaient été mis à l'abri, retrouvèrent leur place en 1957 dans le musée reconstruit. On voit encore aujourd'hui sur la facade les traces des destructions et de la reconstruction.

53. Gabriel von Seidl construisit de 1885 à 1889, dans le style des palais italiens, la maison sise aux Propylées, commandée par le peintre Franz von Lenbach, aujourd'hui Galerie de la Ville. Des œuvres de peintres célèbres du début du 20e siècle y sont exposées à côté de celles de Lenbach. En particulier le groupe du « Blauer Reiter », avec Macke, Marc, Klee et Kandinsky.

54. La galerie Lenbach abrite la fondation de la compagne de Kandinsky, Gabriele Münter, contenant un grand nombre des œuvres les plus importantes de ce peintre, datant de son époque de transition entre la peinture concrète et l'art abstrait fantastique (1903–14). Ces œuvres, d'une importance mondiale, font partie de l'exposition permanente.

55. Vue des pièces dites de Lenbach à la galerie de la ville; au fond le portrait de Bismarck par le peintre Lenbach.

56. Vue sur le jardin de la villa avec sa fontaine italienne, au travers des grilles du balcon des salons de Lenbach.

57. La Bavaria sur la colline de la Thérésienwiese est un chef-d'œuvre de la technique de la fonte du bronze (1844–50). Modèle de Ludwig von Schwanthaler, Franz von Miller coula le bronze. Elle mesure 19 m. de la tête aux pieds, un escalier de 126 marches permet l'accès à une plateforme panoramique dans le front et la chevelure. Le Portique des Héros de Leo von Klenze (1843–53) l'entoure. L'ensemble domine la Theresienwiese. La statue au lion couché est un des monuments les plus connus d'Europe.

58. La fontaine en bronze de la Résidence est la plus ancienne de Munich et l'une des plus belles de style baroque au nord des Alpes. Les allégories des rivières bavaroises présentées sous l'aspect de divinités grecques, entourent la statue d'un prince. Il s'agit du premier duc bavarois, Otto von Wittelsbach, d'où le nom de la fontaine dite de Wittelsbach ou d'Otto. Elle est due à l'œuvre de Hubert Gerhard (environ 1610). Au fond, la tour de l'horloge de la Résidence.

59. La fontaine de Karl Valentin au Viktualienmarkt est toujours ornée de fleurs. Les munichois ont beaucoup aimé ce chansonnier sceptique, personnage très curieux à l'humour bien spécial qui fit sa célébrité et le rapprocha des œuvres littéraires de l'époque. Karl Valentin est mort en 1948.

60. De même Liesl Karlstadt, partenaire de Karl Valentin durant de longues années, a donné son nom après sa mort en 1960 à cette fontaine du Viktualienmarkt, placée là où au début du printemps les fleuristes vendent les premiers rameaux.

61. Romance au Viktualienmarkt: un jeune couple vient de découvrir un chardon.

62. Tous les projets de transport public se heurtent encore aujourd'hui au décor très villageois du Viktualienmarkt. Au grand mécontentement des supermarchés et grands magasins, les stands y offre entre les baraques de bois, fruits, légumes, fleurs, œufs, fromages et miel.

63. Entre les parasols des marchandes des quatre saisons, on aperçoit la tour voisine de l'église du Saint-Esprit. Les petites et grandes fontaines donnent à ce quartier cet aspect particulier et l'animent de leurs jeux d'eau. Les munichois y sont tellement habitués qu'ils remarquent à peine les murmures des jets d'eau qui embellissent la ville. Cet ange de la paix donne l'impression de danser sur un jet d'eau ondoyant et capricieux. L'ensemble fut construit au bout de la Prinzregentenstrasse en 1899 par Heinrich Düll en commémoration du traité de paix de 1871.

64. La ville souterraine a aussi ses fontaines installées en 1970 au Stachus.

65. La fontaine au Saune et au petit garçon a quitté il y a peu sa place habituelle pour trouver finalement asile, au delà du Karlstor, au coin d'une maison, où tous les deux continuent de lutiner.

66. Fontaine de Neptune dans l'ancien jardin botanique, œuvre de Josef Wackerle (1937). En 1895, lors de son inauguration, le jeune garçon nu de cette fontaine due à Gasteiger souleva de vives critiques.

67. Les deux fontaines en forme de calice, de la place de l'Université, œuvre de Friedrich von Gärtner en 1844, encadrent la Ludwigstrasse. A l'arrière plan, l'église Saint-Louis du même artiste.

68. La fontaine Wittelsbach, au Lenbachplatz, œuvre de Adolf von Hildebrand (1895) avec ses eaux mugissantes est une des plus imposantes de la capitale de l'Isar.

69. Une promenade du dimanche en famille au Jardin Anglais peut devenir une longue excursion car le parc s'étend sur des kilomètres depuis le centre de la ville vers le nord, le long des rives de l'Isar. En 1789, grâce à un don du prince-électeur Karl Theodor, Ludwig von Seckel le conçut et le planta dans le style des jardin à l'anglaise. 237 h. de superficie.

70. Parmi les plus beaux jardins de brasserie de Munich, il faut citer celui de la Tour Chinoise, avec ses marroniers ombreux, but de promenade très aimé au Jardin Anglais.

71. Une partie de la décoration en stuc du plafond du pavillon Amalienburg construit par François Cuvilliés (1734–1739), petit pavillon de chasse dans le parc du château de Nymphenburg, splendide joyau du rococo.

72. Corps central du château de Nymphenburg à travers la balustrade du pont sur le canal de Nymphenburg. Commencé en 1664 par Barelli, terminée en 1705–1739 par Effner et Cuvilliés. Le château et son parc donnent au visiteur l'impression d'être loin de la ville et de son agitation et de replonger dans une autre époque.

73. La galerie des Beautés du château de Nymphenburg, héritage du roi Louis Ier. Grand admirateur des belles femmes de son temps, il commanda au peintre Stieler des portraits de beautés. On y trouve 39 portraits de femmes, depuis les filles d'artisans jusqu'aux princesses, sans oublier la favorite si discutée, Lola Montez. Cette galerie dédiée à la Beauté est aussi un reflet de la mode et de la société de cette époque.

74. L'Isar, cette verte rivière au courant rapide a tout du torrent de montagne, bien qu'elle soit domptée en traversant Munich par des berges renforcées. Pendant bien des siècles, le fleuve fut pour la ville sa frontière naturelle vers l'est. Au milieu de la ville, le lit et les berges, très aimés des munichois en été, lui confère un aspect inhabituel.

75. Le château de Schleissheim, à 14 km. au nord de Munich, est le cadre idéal de la collection des œuvres baroques de l'état bavarois, concentrée sur les maîtres hollandais et italiens des 17ème et 18ème siècle. Ce château, construit de 1701 à 1727 par Zucalli et achevé par Effner, se trouve au milieu d'un parc à la française.

76. Le pavillon de Lustheim, de Zucalli (1684–1689) fait partie du parc de Schleissheim. On y trouve une remarquable collection de porcelaines anciennes.

77. Ces deux candélabres en forme d'éléphant datant de 1735 et attribué au sculpteur officiel de la cour de Saxe, Johann Gottlieb Kaendler, font partie des pièces les plus intéressantes de la collection de porcelaine de Meissen exposée au pavillon de Lustheim (donation Ernst Schneider).

78. Le jardin zoologique de Hellabrunn, sur les berges de l'Isar à Thalkirchen, conçu en 1911 par Emmanuel Seidl, fermé pendant la Première Guerre, réouvert ensuite par Heinz Heck. On y trouve environ 3000 espèces d'animaux dans des espaces procurant le maximum de liberté. Des éléphants cotoyant des perroquets en liberté donnent quelque fois à ces berges de l'Isar une allure de forêt vierge.

79. Les installations spéciales de Hellabrunn abritent des singes et leur progéniture. Les bébés-jumeaux orang-outang, Hella et Bruni, élevés avec grand soin, ainsi que leurs camarades de jeux de la famille des chimpanzés sont les favoris du public.

80. Le cirque Krone, dont le siège est à Munich, est un des derniers grands cirques. Chaque année, pendant les trois mois d'hiver son chapiteau se réinstalle à Munich. La directrice, Christa Sembach-Krone, présente un numéro de dressure hippique.

81. Un dimanche, la terrasse d'un café de la Leopoldstrasse.

82. Le soir, quand le temps le permet, la Leopoldstrasse si aimée des flâneurs devient un bazar d'artistes.

83. Schwabing commence au Siegestor. En delà, c'est l'architecture sévère de la place de l'Université et de la Ludwigstrasse, en-deçà c'est le quartier des flâneurs et des discussions, le « boulevard Leopold », ses rues adjacentes, ses boîtes de nuit et discothèques. L'arc, copie de l'arc de triomphe de Constantin à Rome, fut élevé en 1850, en souvenir des guerres de libération de 1813 à 1816.

Scènes de carnaval:

84. Le corps de ballet de l'opéra comique du Gärtnerplatz se produit à l'occasion du bal de l'opéra au Deutsches Theater.

85. Chaque année le bal du « mariage en banlieue », avec ses invités et participant en costume typique, est une des nuits de carnaval les plus amusantes.

86. Le prince de Carnaval, son Altesse Drôlatique, et sa princesse, son Altesse Grâcieuse, entourés de leur cour se présentent souvent dans les hauts-lieux du carnaval.

87. Les « Damische Ritter » (chevaliers fous) se donnent rendez-vous chaque année dans leur haut-lieu, un caveau de la brasserie Löwenbräu, pour y fêter dans des déguisements fantastiques et humoristiques une nuit que l'on ne trouve nulle part ailleurs.

88. Le dimanche de carnaval, avant le mardi-gras, les places et les rues du centre de la ville sont réservées à la foule. Sur le Königsplatz un orchestre de jazz joue devant une foule de jeunes.

89. Cette danseuse déguisée et portant un mini-mini, s'amuse au bal du « carnaval de Rio », une des fêtes les plus endiablées.

90. Pendant le Carême, entre le mardi-gras et Pâques, les premières semaines du printemps sont pour les munichois l'époque de la bière forte. L'orphéon si typique est l'accompagnement classique des fêtes de la bière en Bavière.

91. Cette serveuse des caveaux de la brasserie Salvatorbräu porte sans effort une douzaine même plus de cruches de bière.

92. Même les plus jeunes veulent boire à la cruche à l'occasion de la grande fête printanière dans les caveaux de la brasserie Salvatorbräu – bien sur il ne s'agit que de limonade.

93. La dégustation de la bière forte est chaque année le rendez-vous des personnalités de la vie politique de tous les partis. Les invités, à leur tête le chef du gouvernement bavarois, M. Alfons Goppel (à gauche), goûtent cette bière spéciale pendant que des chansonniers récitent leurs couplets acides.

94. La fête d'octobre (Oktoberfest) date de l'an 1810. Cette fête populaire, donnée pour la première fois par la maison royale en l'honneur du marriage du dauphin, le futur Louis Ier, avec la princesse Thérèse von Hildburghausen, plut tellement aux munichois qu'ils décidèrent de l'organiser tous les ans. L'endroit où elle a lieu, s'appelle encore aujourd'hui Theresienwiese (champ de Thérèse). La fête se termine toujours le premier dimanche d'octobre, d'où son nom. Dans les grandes tentes, on débite chaque année environ 4 millions de litres de bière en cruche, et l'on y sert des centaines de milliers de poulets à la broche et autres spécialités.

95. Le grand cortège folklorique qui traverse la ville jusqu'à la Theresienwiese le premier dimanche de la fête d'octobre est toujours aussi vivant et bariolé. Ici, le groupe des tonneliers munichois traversant l'Odeonsplatz.

96. Les plus jeunes ont parfois du mal à suivre le cortège qui se déroule sur un parcours sinueux de l'Isar à la Theresienwiese.

97. En même temps que la fête d'octobre, la foire agricole se tient sur la partie sud de la Theresienwiese. On y présente aussi bien les dernières machines agricoles que du bétail d'élevage et des tournois hippiques. Le vainqueur d'une course de bœufs fort amusante reçoit ici les lauriers d'honneur.

98. La tradition veut que ce soit le bourgmestre de la ville qui perce le premier fût de la fête d'octobre lors de son ouverture. C'est M. Hans-Jochen Vogel qui remplit cette fonction de 1960 à 1971.

99. Vue de la grande roue sur la fête d'octobre. A l'occasion de cette fête de renommée mondiale, des centaines de milliers de visiteurs venus de tous les pays font honneur à la ville de Munich, devenue entretemps ville olympique.

100. L'Auer Dult, dont la tradition remonte à plusieurs siècles, est la foire des brocanteurs qui a lieu trois fois par an pendant une semaine, au printemps, en été et en automne. Les stands qui se dressent autour de l'église de Mariahilf en ont fait un marché aux puces, où l'on trouve tout, des vieux ustensiles de ménage aux pièces d'antiquaires. Ici, des étalages de vaisselle et de poterie attirent les flâneurs.

101. Ce carrousel à l'ancienne a déjà fait tourbillonner des générations de munichois de tous âges. L'odeur typique de cette foire est celle des saucisses grillées et des amandes caramélisées.

102. Les vieux ustensiles de ménage sont très recherchés ainsi que les meubles d'occasion – un passe-temps moderne. Les étalages des brocanteurs de l'Auer Dult sont des mines de trouvailles pour les individualistes de tous goûts et de toutes bourses.

103. Bien des amateurs et collectionneurs recherchent ces vieux pichets de bière à couvercle en étain et ornés d'emblèmes et sentences commémoratives.

104. Grâce à ses vastes halls, le parc des expositions de Munich fait partie des hautslieux des foires européennes. La foire internationale de l'artisanat qui s'y tient chaque année, attire plus de 2400 exposants venus de 44 pays et environ 350 000 visiteurs. Notre photo montre des œuvres de verrerie provenant de la Forêt Bavaroise.

105. La semaine de la mode de Munich qui a lieu chaque année au printemps et en automne souligne l'importance de Munich en tant que ville de la mode. Les créateurs internationaux y présentent leurs derniers modèles. Ici, un modèle Christian Dior de Paris.

106. Le 26 avril 1966, le Comité Olympique International se prononça à Rome en faveur de Munich pour les jeux de 1972. En six ans, la ville érigea avec l'aide de l'Etat de Bavière et du gouvernement fédéral allemand les constructions olympiques. Le premier prix du concours d'architectes fut attribué au groupe de M. Günther Behnisch (Stuttgart) pour sa conception aux formes élancées. Le toit en forme de tente est non seulement le plus grand toit du monde, mais assi le plus coûteux. La construction moderne avec ses filins de support représente la symbiose entre la technique et le sens esthétique. Cette vue des travaux montre au premier plan une partie du toit recouvrant la piscine et au fond la partie abritant le hall d'athlétisme.

107. Munich connait une longue tradition en tant que ville des sports. L'association sportive dite de 1860 a remporté bien des succès, surtout dans les disciplines d'athlétisme. Après avoir remporté la coupe nationale du football allemand en 1966, l'équipe de cette association se vit détrônée par sa rivale locale, le FC Bayern.

108. Le bassin de course pour avirons et canoés, situé entre Schleissheim et Feldmoching au nord de la ville, est un lac artificiel d'une longueur de 2230 m., d'une largeur de 140 m. et d'une profondeur de 3,50 m. Les gradins peuvent accueillir 25 000 spectateurs. Ce bassin est actuellement le plus vaste centre moderne de sport nautique (avirons et canoé) de l'Allemagne du sud, réservé à l'entrainement et aux compétitions.

109. Cette construction circulaire, le stade de basketball (5600 places), est située dans le quartier de Obersendling, près du parc des expositions. Ce nouvel ensemble sportif, auquel se joignent les halls destinés aux épreuves d'escrime, de poids et haltères, de lutte et de judo, deviendra partie intégrée des nouveaux quartiers situés à l'ouest du centreville.

110. Le stade olympique de cyclisme a une piste de 285,7 m de long en bois d'Afrique. Ses virages rehaussés en front, de l'avis des coureurs qui en firent les premiers essais, une des pistes les plus rapides qui soient au monde. Les tribunes couvertes contiennent environ 5000 places.

111. Le monde imaginaire d'un architecte a pris forme réelle et se pose en idéal d'architecture moderne. Le toit translucide relie trois ensembles sportifs pour en faire une unité d'environnement: à gauche la piscine, à droite le hall d'athlétisme, au fond le stade. Cette superstructure transparente est non seulement le plus grand toit qui soit au monde (superficie de 75 000 m²), mais aussi celui qui occasionna les plus grands frais (150 millions de Deutsch Mark). Néanmoins, cette réalisation exceptionnelle fait oublier les difficultés de sa construction.

112. L'inauguration du stade olympique, sa grande avant-première, eut lieu le 26 mai 1972 à l'occasion du match de football Allemagne–Russie. L'admiration générale accordée à la conception de son toit a fait oublier bien des critiques ayant pour objet ses frais énormes.

113. Les lumières et reflets nocturnes soulignent la forme du toit recouvrant les halls de natation et d'athlétisme. L'illumination intérieure de la piscine (à droite au premier plan) se réflète au travers de la grande façade en verre sur le lac artificiel. A droite au fond, les immeubles du village olympique.

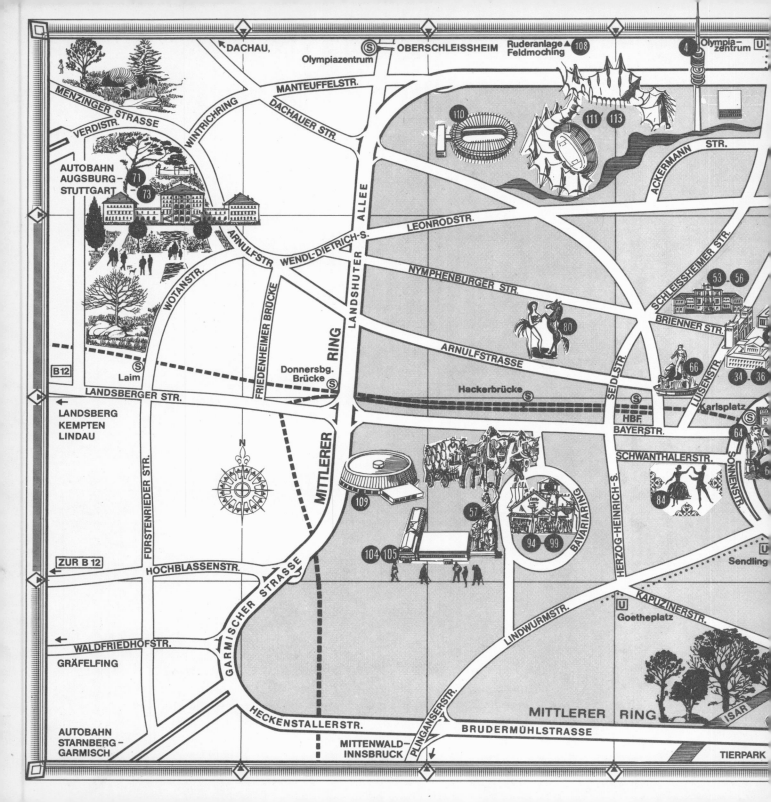

DACHAU,

OBERSCHLEISSHEIM

Olympiazentrum

Ruderanlage ▲ Feldmoching 108

Olympiazentrum

MANTEUFFELSTR.

MENZINGER STRASSE

VERDISTR.

WINTRICHRING

DACHAUER STR.

ACKERMANN STR.

AUTOBAHN AUGSBURG– STUTTGART

71 – 73

110

111 113

ARNULFSTR.

WENDL-DIETRICH-S.

LANDSHUTER ALLEE

LEONRODSTR.

NYMPHENBURGER STR.

SCHLEISSHEIMER STR.

53 56

WOTANSTR.

FRIEDENHEIMER BRÜCKE

RING

80

ARNULFSTRASSE

BRIENNER STR.

66

LUISENSTR.

34 36

B12

Laim

Donnersbg. Brücke

Hackerbrücke

HBF.
BAYERSTR.

Karlsplatz

64

LANDSBERGER STR.

MITTLERER

SEIDLSTR.

SCHWANTHALERSTR.

LANDSBERG KEMPTEN LINDAU

N

109

57

94 99

84

SONNENSTR.

FÜRSTENRIEDER STR.

104 105

BAVARIARING

HERZOG-HEINRICH-S.

Sendling

ZUR B 12

HOCHBLASSENSTR.

GARMISCHER STRASSE

KAPUZINERSTR.

Goetheplatz

WALDFRIEDHOFSTR.

LINDWURMSTR.

GRÄFELFING

MITTLERER RING

ISAR

AUTOBAHN STARNBERG– GARMISCH

HECKENSTALLERSTR.

MITTENWALD– INNSBRUCK

PLINGANSERSTR.

BRUDERMÜHLSTRASSE

TIERPARK